会计基础实训

主　编　渠海英　强宗平
副主编　万海燕　颜从从
参　编　李红莉　刘　博　牛素梅　朱　越　李玮玮

北京时代华文书局

图书在版编目(CIP)数据

会计基础实训 / 渠海英主编. —北京：北京时代华文书局，2021.2 （2021.12重印）
ISBN 978-7-5699-4098-5

Ⅰ.①会… Ⅱ.①渠… Ⅲ.①会计学—中等职业学校—教材 Ⅳ.①F230

中国版本图书馆 CIP 数据核字(2021)第 037930 号

会计基础实训

Kuaiji Jichu Shixun

主　　编｜渠海英

出 版 人｜陈　涛

责任编辑｜李　兵

装帧设计｜付云锋

责任印制｜訾　敬

出版发行｜北京时代华文书局　http://www.bjsdsj.com.cn

　　　　　北京市东城区安定门外大街 138 号皇城国际大厦 A 座 8 楼

　　　　　邮编：100011　　　电话：010-64267955　64267677

印　　刷｜北京盛通印刷股份有限公司，010-52249888

　　　　　(如发现印装质量问题，请与印刷厂联系调换)

开　　本｜787mm×1092mm　　1/16　　印　张｜12.675　　字　数｜187千字

版　　次｜2021 年 9 月第 1 版　　印　次｜2021 年 12 月第 2 次印刷

书　　号｜ISBN 978-7-5699-4098-5

定　　价｜56.00 元

前　言

中等职业教育会计专业的培养目标是应用型的会计人才。会计专业是应用性、操作性和规范性很强的专业，要求学生不但要掌握一定的专业理论，而且更要掌握实际工作所需要的各项基本技能。本书是为了适应新时期我国市场经济对会计专业应用型人才的需求，落实教育部《关于进一步深化中等职业教育教学改革的若干意见》和《关于制定中等职业学校教学计划的原则意见》，根据现代职业教育发展的要求和实际工作的需要，而编撰的一门实践操作课程。通过实训，可以大大增强初涉会计的低年级学生对会计簿籍知识的感性认识，增强学生对会计基本理论和基本方法的理解，掌握会计的基本操作技能。

本书突出了系统性、实用性和可操作性，具有以下特点：

(1) 突出会计核算全过程单项训练和综合训练。按照财政部颁布的《企业会计准则》和《会计基础工作规范》要求，让学生学会填制和审核原始凭证，编制和审核记账凭证，编制科目汇总表，登记账簿和编制会计报表。

(2) 突出初级模拟实训的实际。本书所选经济业务比较简单，只要学生掌握了复式记账法和借贷记账法的基本原理就能进行操作。其内容通俗易懂，可操作性强。它不仅有利于基础会计教学，也有利于财务会计等后续课程的教学。

(3) 突出实训资料的系统性。本书在各单项实训中，所选用的经济业务资料前后一致，保证了会计核算程序的连贯性，从而更增强了学生对会计核算过程的了解。通过单项实训和综合实训，学生对本次模拟实训至少进行两遍演练，效果会更好。

本书由渠海英、强宗平担任主编，万海燕、颜从从担任副主编。李红莉、刘博、牛素梅、朱越、李玮玮也参加了本书的编写工作。

尽管作者尽了最大的努力，但因水平有限，难免会有疏漏和不足之处，希望使用本书的读者批评指正。

编　者

2020 年 5 月

目　录

第一章

会计凭证

【学习目标】

应　知	应　会
(1) 了解会计的概念、职能和会计对象。	(1) 学会正确运用会计科目编制会计分录。
(2) 理解会计要素、会计科目和会计凭证的相关概念及基本分类。	(2) 能够识别、填制和审核原始凭证。
(3) 熟悉借贷记账法下的账户结构和记账规则。	(3) 能够根据有关经济业务或原始凭证，编制记账凭证。

【学习导读】

你还记得交学费时取得的收据、购买商品时取得的发票吗？这些收据或发票在会计上称为原始凭证。经济业务发生以后，企业会填制或取得很多这样的原始凭证，假如你是会计人员，你该怎么填写这些原始凭证，又该怎样根据原始凭证编制记账凭证呢？

第一节　会计认知

一、会计的概念

会计是以货币为主要计量单位，核算和监督一个企业单位经济活动的一种经济管理工作。市场经济越发展，会计工作就越重要。

会计包括会计核算和会计监督两个方面的职能。

(1) 会计核算职能，是指会计以货币为主要计量单位，对特定企业单位(会计主体)的经济活动进行确认、计量、记录和报告，为各有关方面提供会计信息。

(2) 会计监督职能,是指对特定企业单位经济活动和相关会计核算的合法性、合理性进行审查。

二、会计的对象

会计的对象是指会计所核算和监督的内容,即特定企业单位能够以货币表现的经济活动。以货币表现的经济活动通常又称价值运动或资金运动。工业企业的资金运动包括资金进入企业、资金在企业内部周转和资金退出企业。会计核算对象的具体包括款项和有价证券的收付,财物的收发、增减和使用,债权、债务的发生和结算,资本的增减,收入、支出、费用、成本的计算,财务成果的计算和处理。此外,会计核算对象还包括需要办理会计手续、进行会计核算的其他事项,本书不作详细介绍。

1. 款项和有价证券的收付

款项是作为支付手段的货币资金,主要包括现金、银行存款以及其他视同现金和银行存款的银行汇票存款、银行本票存款、信用卡存款、信用证存款等。有价证券是指表示一定财产拥有权或支配权的证券,如国库券、股票、企业债券等。

2. 财物的收发、增减和使用

财物是财产、物资的简称,企业的财物是企业进行生产经营活动且具有实物形态的经济资源,一般包括原材料、燃料、包装物、低值易耗品、在产品、库存商品等流动资产,以及房屋、建筑物、机器、设备、设施、运输工具等固定资产。

3. 债权、债务的发生和结算

债权是指企业收取款项的权利,一般包括各种应收和预付款项等。债务则是指由于过去的交易、事项形成的企业需要以资产或劳务等偿付的现时义务,一般包括各项借款、应付和预收款项,以及应交款项等。

4. 资本的增减

资本是投资者为开展生产经营活动而投入的资金。会计上的资本专指所有者权益中的投入资本。

5. 收入、支出、费用、成本的计算

收入是指企业在日常活动中形成的、会导致所有者权益增加的、与所有者投入资本无关的经济利益的总流入。支出是指企业所实际发生的各项开支,以及在正常生产经营活动以外的支出和损失。费用是指企业在日常活动中发生的、会导致所有者权益减少的、与向所有者分配利润无关的经济利益的总流出。成本是指企业为生产产品、提供劳务而发生的各种耗费,是按一定的产品或劳务对象所归集的费用,是对象化了的费用。

6. 财务成果的计算和处理

财务成果主要是指企业在一定时期内通过从事生产经营活动而在财务上所取得的结

果，其具体表现为利润或亏损。财务成果的计算和处理一般包括利润的计算、所得税的计算、利润分配或亏损弥补等。

三、会计核算方法

会计核算方法是指对各单位经济活动进行连续、系统、全面的记录、计算、反映和监督所应用的方法。下面主要介绍会计核算的 7 种方法。会计核算的 7 种方法是一种相互联系、相互配合的完整的方法体系。其中，设置账户是进行会计核算的准备工作，复式记账是会计核算所使用的特有方法。填制和审核凭证、登记账簿和编制财务会计报告是会计核算工作的 3 个基本环节。各单位每发生一笔经济业务或会计事项，首先要填制和审核凭证，然后再按规定的账户，采用复式记账的方法登记账簿；期末根据账簿的记录进行成本计算、财产清查，在账实相符的基础上编制会计报表。

1. 设置会计科目和账户

会计科目和账户是对会计核算内容的分类，也是登记经济业务的工具。有了会计科目和账户，就可以有序、分类地将各项经济业务的数据记入账户，从而分门别类地提供各种有用的数据和信息，供决策者使用。所以，设置会计科目和账户是会计记录的一种重要方法。

2. 复式记账

复式记账是指任何一项经济业务都要在两个或两个以上账户中相互联系地进行登记。采用复式记账方法既能够全面、完整、相互联系地反映经济业务，也便于检查账簿记录是否正确，它是一种科学的记账方法。

3. 填制和审核会计凭证

会计凭证是记录会计业务，明确经济责任的书面证明，是登记账簿的依据。任何一项经济业务都要按照实际发生和完成情况，填制会计凭证，并经会计机构、会计人员审核，确认无误后，才能据以登记会计账簿。严格实行会计凭证制度是会计核算的一个重要特点，也是会计特有的一种专门方法。

4. 登记会计账簿

会计账簿是由具有专门格式的账页所组成，用来开设账户，以连续、系统地记录各项经济业务的簿籍，它可以为经营管理和编制会计报表提供所需要的数据资料。登记会计账簿简称记账，它必须以凭证为依据，要定期核对账目和结账，使账簿记录与实际情况保持一致，保障账簿记录的真实性和完整性。所以登记会计账簿也有一套专门方法。

5. 成本计算

成本计算主要是指产品生产成本的计算。它要求会计核算中要按照一定的对象归集费用，并计算和确定该对象的总成本和单位成本的方法。成本计算也是对财产物资进行计量的一种专门方法。

6. 财产清查

财产清查包括盘点实物和核对账目，在查明各项财产物资和资金的实有数额后与账面数额进行核对，以确定账实是否相符；如有不符，则须对账簿记录进行调整。因此，财产清查是会计核算过程中不可缺少的一个环节。

7. 财务会计报告

财务会计报告是指以账簿记录为依据，采用表格和文字形式，将会计数据提供给信息使用者的书面报告。提供会计信息是会计核算的重要环节，必须遵循真实、可靠和有用等原则，及时地向会计信息使用者提供信息。

第二节　原始凭证

一、会计凭证的概念

会计凭证是记录经济业务事项发生或完成情况的书面证明，也是登记账簿的依据。合法地取得、正确地填制和审核会计凭证，是会计核算的基本方法之一。填制和审核会计凭证是"会计凭证——会计账簿——会计报表"构成的会计循环中的第一个环节。会计凭证主要有记录经济业务，提供记账依据；明确经济责任，强化内部控制；监督经济活动，控制经济运行这 3 个方面的作用。

会计凭证按照编制的程序和用途不同，可分为原始凭证和记账凭证。

二、原始凭证的种类及其填制

原始凭证是在经济业务发生或完成时取得或填制的、用以记录或证明经济业务的发生或完成情况的原始凭据。原始凭证亦称单据，是作为记账原始依据的凭证。

1. 原始凭证的种类

(1) 原始凭证按照来源不同，可分为外来原始凭证和自制原始凭证。

① 外来原始凭证，是指在经济业务发生或完成时，从其他单位或个人直接取得的原始凭证。如购买材料时从供货方取得的增值税专用发票或普通发票，支付货款时从供货方取得的银行结算凭证如托收凭证等。"增值税专用发票"格式见表 1.1。

表 1.1 增值税专用发票

发 票 联　　　　开票日期：2020 年 1 月 12 日

购货单位	名　　　称：××公司 纳税人识别号：2801098456898×× 地址、电话：××市××路××号 0×××-××××××× 开户银行及账号：工行××支行 344750××	密码区	略

货物或应税劳务名称 ××商品	规格型号	单位 台	数量 100	单价 1 400	金额 140 000	税率 17%	税额 23 800
合　计					¥ 140 000.00		¥ 23 800.00

价税合计(大写)	壹拾陆万叁仟捌佰元整	(小写)¥ 163 800.00

销货单位	名　　　称：××公司 纳税人识别号：0807 地址、电话：0×××-××××××× 开户银行及账号：中国银行××支行 345264839××	备注

收款人：张×× 　　复核：赵×× 　　开票人：王×× 　　销货单位：××公司章

第二联 发票联 购货方记账凭证

② 自制原始凭证，是指由本单位内部经办业务的部门和人员，在执行或完成某项经济业务时填制的、仅供本单位内部使用的原始凭证，如"收料单""领料单"。

(2) 原始凭证按照填制手续及内容不同，可分为一次凭证、累计凭证和汇总凭证。

① 一次凭证，是指一次填制完成、只记录一笔经济业务的原始凭证。一次凭证是一次有效的凭证。外来原始凭证和大部分自制原始凭证都属于一次凭证。

② 累计凭证，是指在一定时期内多次记录发生的同类型经济业务的原始凭证。累计凭证是多次有效的原始凭证，如"限额领料单"等。

③ 汇总凭证，是指对一定时期内反映经济业务内容相同的若干张原始凭证，按照一定标准综合填制的原始凭证，如"发料汇总表"等。

(3) 原始凭证按照格式不同，可分为通用凭证和专用凭证。

① 通用凭证，是指由有关部门统一印制、在一定范围内使用的具有统一格式和使用方法的原始凭证，如增值税专用发票、现金支票等。

② 专用凭证，是指由单位自行印制、仅在本单位内部使用的原始凭证，如收料单、领料单等。

2. 原始凭证的填制要求

从表 1.1 可以看出，原始凭证的基本内容包括原始凭证名称、填制原始凭证的日期、接受原始凭证单位名称、经济业务内容(含数量、单价、金额等)、填制单位和有关人员签章、凭证附件。基于以上基本内容，原始凭证的填制要求如下。

(1) 记录要真实。原始凭证所填列的经济业务内容和数字，必须真实可靠，符合实际情况。

(2) 内容要完整。原始凭证所要求填列的项目必须逐项填列齐全，不得遗漏和省略。

(3) 手续要完备。单位自制的原始凭证必须有经办单位领导人或者其他指定的人员签名盖章；对外开出的原始凭证必须加盖本单位公章；从外部取得的原始凭证，必须盖有填制单位的公章；从个人取得的原始凭证，必须有填制人员的签名盖章。

(4) 书写要清楚、规范。原始凭证要按规定填写，文字要简要，字迹要清楚，易于辨认，不得使用未经国务院公布的简化汉字。大小写金额必须相符且填写规范，小写金额用阿拉伯数字逐个书写，不得写连笔字，在金额前要填写人民币符号"¥"，人民币符号"¥"与阿拉伯数字之间不得留有空白，金额数字一律填写到角分，无角分的，写"00"或符号"－"，有角无分的，分位写"0"，不得用符号"－"；大写金额用汉字壹、贰、叁、肆、伍、陆、柒、捌、玖、拾、佰、仟、万、亿、元、角、分、零、整等，一律用正楷或行书字书写，大写金额前未印有"人民币"字样的，应加写"人民币"三个字，"人民币"字样和大写金额之间不得留有空白。中文大写金额数字到"元"为止的，在"元"之后应写"整"或"正"字；到"角"为止的，在"角"之后可以不写"整"或"正"字。大写金额数字有"分"的，"分"后面不写"整"或"正"字。如小写金额为¥1008.00，大写金额应写成"壹仟零捌元整"。

另外，填写票据(如支票)时，票据的出票日期必须使用中文大写。在填写月、日时，月为壹、贰和壹拾的，日为壹至玖和壹拾、贰拾和叁拾的，应在其前加"零"；日为拾壹至拾玖的，应在其前面加"壹"。例如：2月12日，应写成零贰月壹拾贰日；10月20日，应写成零壹拾月零贰拾日。票据出票日期使用小写填写的，银行不予受理。

(5) 编号要连续。如果原始凭证已预先印定编号，在写坏作废时，应加盖"作废"戳记，妥善保管，不得撕毁。

(6) 不得涂改、刮擦、挖补。原始凭证有错误的，应当由出具单位重开或更正，更正处应当加盖出具单位印章。原始凭证金额有错误的，应当由出具单位重开，不得在原始凭证上更正。

(7) 填制要及时。各种原始凭证一定要及时填写，并按规定的程序及时送交会计机构、会计人员进行审核。

【例1.1】填制原始凭证企业的基本情况如下。

企业(会计主体)名称：××市益丰工厂，该工厂(工业企业)属于增值税一般纳税人，税务人登记号108068，增值税税率17%，企业地址：××市芙蓉中路××号，电话：2836785。

益丰工厂的开户银行：××市商业银行中山支行，账号128384。

益丰工厂单位主管：肖××，会计：陈××，复核：黄××，出纳：李××，业务开票人：王××，收款人：张××，仓库保管人：李××。

××市益丰工厂2020年9月15日从××市宁阳工厂(地址：××市枫林西路××号，税务人识别号10819。开户银行：农业银行荣山支行，账号123223)购买甲材料(材料编号A85，规格51F)800箱，单价45元，金额36 000元，增值税税率17%，增值税6 120元，价税合计42 120元。材料已入库，货款采用转账支票结算。

要求：

(1) 为××市益丰工厂(购货单位)填写"转账支票"(见表1.2)和"收料单"(见表1.3)。

表1.2 支票正面

中国工商银行支票存根	中国工商银行转账支票　　AB　458007
AB　458007	出票日期(大写)贰零贰零年　玖　月　壹拾伍　日
附加信息＿＿＿＿＿＿	付款行名称：××市商业银行中山支行

中国工商银行支票存根				中国工商银行转账支票　　AB　458007

支票存根部分：

中国工商银行支票存根

AB　458007

附加信息＿＿＿＿＿＿

出票日期 2020 年 9 月 15 日

| 收款人：××市宁阳工厂 |
| 金　额：￥ 42 120.00 |
| 用　途：货款 |

单位主管　　　　会计

转账支票部分：

中国工商银行转账支票　　AB　458007

出票日期(大写)贰零贰零年　玖　月　壹拾伍　日

付款行名称：××市商业银行中山支行

收款人：××市宁阳工厂　　　　　　出票人账号：128384

人民币(大写)	亿	千	百	十	万	千	百	十	元	角	分
肆万贰仟壹佰贰拾元整					￥	4	2	1	2	0	0

用途：货款

上列款项请从我账户内支付

出票人签章：××市益丰工厂(章)

本支票付款期限十天

复核　　　　　　　　记账

表1.3 收料单

供货单位：××市宁阳工厂

发票号码：NO.57891　　　　　　2020 年 9 月 15 日　　　　　　仓库：2 号仓

材料编号	材料名称	规格	计量单位	数量		实际价格				备注
				应收	实收	单价	发票金额	运杂费用	合计	
A85	甲材料	51F	箱	800	800	45	36 000		36 000	材料自提
	合计			800	800		36 000		36 000	

采购人：陈×× 　　　　检验员：张×× 　　　　记账员：　　　　保管员：李××

　　"收料单"中的材料实际价格(成本)包括材料买价和运杂费用，不包括增值税。购买材料支付的增值税作进项税额处理，以后详述。

　　(2) 为××市宁阳工厂(销货单位)填写"增值税专用发票"(见表1.4)和"进账单"(见表1.5)。

表1.4 增值税专用发票

发　票　联　　　开票日期：2020 年 9 月 15 日

购货单位	名　　　称：××市益丰工厂 纳税人识别号：108068 地址、电话：××市芙蓉中路××号 开户银行及账号：商业银行中山支行 128384					密码区	略
货物或应税劳务名称	规格型号	单位	数量	单价	金　额	税率 17%	税　额
甲材料		箱	800	45	36 000		6 120
合　计					￥ 36 000.00		￥ 6 120.00
价税合计(大写)	肆万贰仟壹佰贰拾元整					(小写)￥ 42 120.00	
销货单位	名　　　称：××市宁阳工厂 纳税人识别号：10819 地址、电话：××市枫林西路××号 开户银行及账号：农业银行荣山支行 123223					备注	

收款人：王×× 　　复核：周×× 　　开票人：肖×× 　　　　销货单位：宁阳工厂章

第二联　发票联　购货方记账凭证

表 1.5　银行进账单(收账通知)3

2020 年 9 月 15 日

出票人	全　　　称	××市益丰工厂	收款人	全　　　称	××市宁阳工厂
	账　　　号	128384		账　　　号	123223
	开户银行	商业银行中山支行		开户银行	农业银行荣山支行
金　　额		人民币(大写)肆万贰仟壹佰贰拾元整		(小写)¥ 42 120.00	
票据种类	转账支票	票据张数	1	票据号码	58007
备注			开户银行签章 农业银行荣山支行(章)		

会计：高××　　　　　　复核：周××　　　　　　记账：陈××

　　如果××市宁阳工厂不属于增值税一般纳税人，则销售商品只能开具普通发票。下列"销售发票"(见表 1.6)就是普通发票。

表 1.6　销售发票

客户(购货单位)：××市益丰工厂　　　2020 年 5 月 15 日　　　(发票联)

货物名称	单　　位	数　　量	单　　价	金　　额
甲材料	箱	800	52.65	42 120.00
合　　计				¥ 42 120.00
金　　额	人民币(大写)肆万贰仟壹佰贰拾元整			

收款单位：××市宁阳工厂(章)　　　复核：周××　　　制单：肖××

三、原始凭证审核

　　原始凭证的审核内容主要包括原始凭证的真实性、合法性、合理性、完整性、正确性、及时性。

　　经审核的原始凭证应根据不同情况处理。

　　(1) 对于完全符合要求的原始凭证，应及时据以编制记账凭证入账。

　　(2) 对于真实、合法、合理但内容不够完整、填写有错误的原始凭证，应退回给有关经办人员，由其负责将有关凭证补充完整、更正错误或重开后，再办理正式会计手续。

　　(3) 对于不真实、不合法的原始凭证，会计机构、会计人员有权不予接受，并向单位负责人报告。

第三节 记账凭证

记账凭证是会计人员根据审核无误的原始凭证，按照经济业务事项的内容加以归类，并据以确定会计分录后所填制的会计凭证。记账凭证又称传票或分录凭证，是登记账簿的直接依据。

一、记账凭证的基本格式及其内容

记账凭证的基本内容包括记账凭证的名称，填制记账凭证的日期，记账凭证的编号，经济业务事项的内容摘要，经济业务事项所涉及的会计科目及其记账方向(借方、贷方)，经济业务事项的金额，记账标记，所附原始凭证张数，会计主管、记账、审核、出纳、制单等有关人员签章。

记账凭证的基本格式如表 1.7 所示。

表 1.7 记账凭证

年　　月　　日　　　　　　　　字第　　号

摘　　要	会计科目		借方金额	贷方金额	记账
	总账科目	明细科目			
合　　计					

附件　张

会计主管：　　　　　　出纳：　　　　　　审核：　　　　　　制单：

二、会计要素和会计科目

1. 会计要素及其内容

会计要素是对会计对象进行的基本分类，是会计核算对象的具体化。

企业会计要素分为六大类，即资产、负债、所有者权益、收入、费用和利润。其中，资产、负债和所有者权益 3 项会计要素主要反映企业的财务状况；收入、费用和利润 3 项会计要素主要反映企业的经营成果。

(1) 资产。资产是指企业过去的交易或者事项形成的、由企业拥有或者控制的、预期会给企业带来经济利益的资源。资产可以是货币性的，也可以是非货币性的；可以是有形的，也可以是无形的。资产按流动性分类，可分为流动资产和非流动资产。

流动资产是指预计在一个正常营业周期中变现、出售或耗用，或者主要为交易目的而持有，或者预计在资产负债表日起 1 年内(含 1 年)变现的资产。流动资产主要包括货币资金(库存现金和银行存款)、交易性金融资产、应收票据、应收账款、预付账款、应收利息、应收股利、其他应收款、存货(如原材料和库存商品)等。非流动资产是指流动资产以外的资产，主要包括长期股权投资、固定资产、在建工程、工程物资、无形资产(如专利权)等。

(2) 负债。负债是指企业过去的交易或者事项形成的、预期会导致经济利益流出企业的现时义务。负债按流动性分类，可分为流动负债和非流动负债。

流动负债是指预计在一个正常营业周期中清偿，或者主要为交易目的而持有，或者自资产负债表日起 1 年内(含 1 年)到期应予以清偿的负债。流动负债主要包括短期借款、应付票据、应付账款、预收账款、应付职工薪酬、应交税费、应付利息、应付股利、其他应付款等。非流动负债是指流动负债以外的负债，主要包括长期借款、应付债券等。

(3) 所有者权益。所有者权益是指企业资产扣除负债后由所有者享有的剩余权益。公司的所有者权益又称为股东权益。所有者权益包括实收资本、资本公积、盈余公积和未分配利润。

(4) 收入。收入是指企业在日常活动中形成的、会导致所有者权益增加的、与所有者投入资本无关的经济利益的总流入。收入可分为主营业务收入和其他业务收入。

(5) 费用。费用是指企业在日常活动中发生的、会导致所有者权益减少的、与向所有者分配利润无关的经济利益的总流出。费用可分为生产费用(如材料费用、人工费用和制造费用)和期间费用(如销售费用、管理费用、财务费用)。

(6) 利润。利润是指企业在一定会计期间的经营成果。利润包括收入减去费用后的净额、直接计入当期利润的利得和损失等。利得和损失是指企业在非日常活动中形成的营业外收入或发生的营业外支出等。

2. 会计等式

会计等式又称会计方程式，是表明各会计要素之间基本关系的恒等式。6 个会计要素(资产、负债、所有者权益、收入、费用、利润)可组成两个会计等式。

会计等式 1：

$$资产＝负债＋所有者权益$$

这是会计等式中最基本的等式。企业的资产来源于所有者的投入资本和从债权人借入资金，以及企业在生产经营中所产生效益的积累，资产来源于权益(包括所有者权益和债权人权益)，归属于所有者的部分形成所有者权益；归属于债权人的部分形成债权人权益(即企业的负债)，资产与权益必然相等。

在某个特定的时点，资产、负债和所有者权益三者之间存在平衡关系，即资产＝负债＋所有者权益。这是复式记账法的理论基础，也是编制资产负债表的基础。

会计等式 2：

$$收入－费用＝利润$$

企业一定时期的收入扣除所发生的各项费用后的净额，经过调整后等于利润。在不考虑调整因素(如直接计入当期利润的利得和损失等)的情况下，收入减去费用等于利润，即，收入－费用＝利润。收入、费用和利润之间的上述关系，是编制利润表的基础。

在企业经营过程中，上述两个会计等式结合起来，其扩展公式为

$$资产＝负债＋所有者权益＋(收入－费用)$$

收入减费用后的余额为利润，利润分配后，以上扩展公式又恢复到第一个公式的形式，即

$$资产＝负债＋所有者权益$$

经济业务的发生不会破坏会计等式，它包括以下 4 种类型。

(1) 资金流入企业，资产和权益同时增加。例如：企业收到投资者投入的资金。企业从银行取得短期借款。

(2) 资金退出企业，资产和权益同时减少。例如：企业向银行归还短期借款。企业向国家交纳应交税金。

(3) 资金在资产内部变化，一项资产增加，另一项资产减少。例如：企业以银行存款购买原材料。生产产品领用原材料。

(4) 资金在权益内部变化，一项权益增加，另一项权益减少。例如：企业借入短期借款直接归还应付账款。将盈余公积转为实收资本。

以上经济业务发生引起企业资产和权益增减变化的 4 种类型中，(1)和(2)两种类型引起会计等式 1 两边等额同增或等额同减，(3)和(4)两种类型引起会计等式某一边等额增减，但资产总额和权益总额始终是相等的。因此，经济业务发生的这 4 种类型，虽然会引起会计要素的金额发生增减变动，但不会破坏会计等式。"资产＝负债＋所有者权益"的平衡关系永远不会被破坏。

3. 会计科目及其分类

会计科目是指对会计要素的具体内容进行分类的项目。或者说，会计科目是对会计对象的具体内容分类进行核算所规定的项目。会计对象的具体内容可概括为会计要素。

会计科目按其所反映的经济内容不同，可分为资产类、负债类、所有者权益类、成本类、损益类科目。其中损益类会计科目，又可分为收入(益)和费用(损)两小类会计科目，收入和费用科目的性质相反。企业常用的会计科目如表 1.8 所示。

表 1.8　会计科目

一、资产类	在建工程	盈余公积
库存现金	无形资产	本年利润
银行存款	长期待摊费用	利润分配
其他货币资金	待处理财产损溢	四、成本类
交易性金融资产	二、负债类	生产成本
应收票据	短期借款	制造费用

(续表)

应收账款	应付票据	五、损益类
预付账款	应付账款	主营业务收入
应收股利	预收账款	其他业务收入
应收利息	应付职工薪酬	投资收益
其他应收款	应交税费	营业外收入
坏账准备	交易性金融负债	主营业务成本
材料采购	应付利息	其他业务成本
在途物资	应付股利	营业税金及附加
原材料	其他应付款	销售费用
材料成本差异	长期借款	管理费用
库存商品	应付债券	财务费用
长期股权投资	三、所有者权益类	资产减值损失
固定资产	实收资本	营业外支出
累计折旧	资本公积	所得税费用

会计科目按其所提供信息的详细程度及其统驭关系不同，可分为总分类科目和明细分类科目。

(1) 总分类科目，是对会计要素具体内容进行总括分类、提供总括信息的会计科目，又称总账科目或一级科目。上列会计科目表中的科目都是总分类科目。总分类科目由国家统一会计制度(会计准则)统一规定。

(2) 明细分类科目，是对总分类科目作进一步分类、提供更详细、更具体会计信息的科目，又称明细科目。明细科目有的由国家统一会计制度(会计准则)规定，如"应交税费"是总分类科目，"应交增值税"就是其明细分类科目；"利润分配"是总分类科目，"未分配利润"就是其明细分类科目；有的按财产物资的名称设置，如"原材料"是总分类科目，"××材料"就是其明细分类科目；有的按往来单位或个人名称设置，如"应付账款"是总分类科目，"应付××单位"就是其明细分类科目。

对于明细科目较多的总账科目，可在总账科目与明细科目之间设置二级科目。

【例 1.2】某企业 2020 年 9 月初开业，9 月 30 日有关财产物资的存在形态及使用分布情况为如下。

(1) 各类房屋和建筑物 1 830 万元。

(2) 生产车间各类机器设备 1 020 万元。

(3) 存放在材料仓库的各种材料 810 万元。

(4) 正在生产车间生产加工的在产品 120 万元。

(5) 存放在成品仓库的各种产成品 930 万元。

(6) 存放在财会部门保险柜的现金 0.3 万元。

(7) 存在银行的各种款项 150 万元。

(8) 因销售商品应收取的款项 85.7 万元。

这些财产物资(总额为 4 946 万元)的来源渠道如下。

(9) 投资者投入资本 3 500 万元。

(10) 从银行取得短期借款 400 万元。

(11) 从银行取得长期借款 600 万元。

(12) 因购买材料应支付的款项 98 万元。

(13) 应付未付借款利息 5 万元。

(14) 应付给职工的各种工资福利 42 万元。

(15) 应缴纳的各种税金 7 万元。

(16) 企业当期实现的净利润 294 万元。

要求：分析指出这些财产物资的占用形态和来源渠道，涉及哪类会计要素和会计科目。

根据以上内容分析如下。

(1) 各类房屋和建筑物，属于"资产"要素，在资产类"固定资产"科目核算。

(2) 生产车间各类机器设备，属于"资产"要素，在资产类"固定资产"科目核算。

(3)存放在材料仓库的各种材料，属于"资产"要素，在资产类"原材料"科目核算。

(4) 正在生产车间生产加工的在产品，属于"资产"要素，在成本类"生产成本"科目核算。

(5) 存放在成品仓库的各种产成品，属于"资产"要素，在资产类"库存商品"科目核算。

(6) 存放在保险柜的现金，属于"资产"要素，在资产类"库存现金"科目核算。

(7) 存放在银行的款项，属于"资产"要素，在资产类"银行存款"科目核算。

(8) 因销售商品应收取的款项，属于"资产"要素，在资产类"应收账款"科目核算。

(9) 投资者投入资本，属于"所有者权益"要素，在所有者权益类"实收资本"科目核算。

(10) 银行短期借款，属于"负债"要素，在负债类"短期借款"科目核算。

(11) 银行长期借款，属于"负债"要素，在负债类"长期借款"科目核算。

(12) 因购买材料应支付的款项，属于"负债"要素，在负债类"应付账款"科目核算。

(13) 应付未付借款利息，属于"负债"要素，在负债类"应付利息"科目核算。

(14) 应付给职工的各种工资福利，属于"负债"要素，在负债类"应付职工薪酬"科目核算。

(15) 应缴纳的各种税金，属于"负债"要素，在负债类"应交税费"科目核算。

(16) 企业当期实现的净利润，属于"所有者权益"要素，在所有者权益类"本年利润"科目核算。

应注意"应收账款"和"应付账款"的区分：应收账款是别人欠我(本单位)的钱，我应收回，应收账款是企业的债权，是企业的资产；应付账款是我(本单位)欠别人的钱，我应支付，应付账款是企业的债务，是企业的负债。

三、账户和复式记账

1. 账户的概念

账户是根据会计科目设置的,具有一定格式和结构,用于分类反映会计要素增减变动情况及其结果的载体。设置账户是会计核算的重要方法之一,是对会计对象的具体内容(会计要素)进行分类反映核算的一种专门方法。

账户的分类如下。

(1) 账户按其所反映的经济内容不同,分为资产类账户、负债类账户、所有者权益类账户、成本类账户、损益类账户等。

(2) 账户按其所提供信息的详细程度及其统驭关系不同,分为总分类账户(简称总账)和明细分类账户(简称明细账)。

(3) 账户的内容。其具体包括账户名称(会计科目)、记录经济业务的日期、所依据记账凭证编号、经济业务摘要、增减金额(借方金额、贷方金额)、余额等。账户的格式如表 1.9 所示。

表 1.9 所示账户格式中的借方和贷方,一方登记增加,另一方登记减少。通过账户记录的金额可以提供期初余额、本期增加发生额、本期减少发生额、期末余额 4 个核算指标。4 个指标的关系,用下列公式表示为

$$期末余额＝期初余额＋本期增加发生额－本期减少发生额$$

表 1.9 总分类账

户名:××会计科目

年		凭证	摘　　要	借　方	贷　方	借或贷	余　额
月	日	字号					

账户的格式还可以简化为"丁"字或"T"字形账户,这种格式多在教学中使用或在实际工作中作计算试算的草稿使用。"丁"字或"T"字形账户格式如下。

借方　　　账户名称　　　贷方

账户记录的金额中,借方和贷方的发生额为动态指标,根据会计凭证进行登记;账户余额为静态指标,根据账户中的数据计算填写。

2. 复式记账法的概念

复式记账法是以"资产＝负债＋所有者权益"的平衡关系作为记账基础，对于每一笔经济业务，都要在两个或两个以上相互联系的账户中进行相互联系地登记，系统地反映资金运动变化结果的一种记账方法。复式记账法主要是指借贷记账法。

3. 借贷记账法的基本内容

借贷记账法是指以"借""贷"作为记账符号，反映经济业务增减变化的一种复式记账法。

(1) 借贷记账法的记账符号。借贷记账法以"借""贷"为记账符号，分别作为账户的左方(借方)和右方(贷方)。对每一个账户(如上述"总分类账"格式)来说，如果规定借方表示增加，则贷方就表示减少；如果规定贷方表示增加，则借方就表示减少。至于"借"表示增加，还是"贷"表示增加，则取决于账户的性质及结构。例如：资产类账户的借方表示增加、贷方表示减少，负债类账户的贷方表示增加、借方表示减少。

(2) 借贷记账法下的账户结构。账户分为左方(记账符号为"借")和右方(记账符号为"贷")两个方向，一方登记增加，另一方登记减少。资产类账户与权益类账户的结构截然相反。

① 资产、成本、费用类账户借方登记增加额、贷方登记减少额。

② 负债、所有者权益、收入类账户贷方登记增加额、借方登记减少额。

账户的余额在账户记录增加的一方，资产类账户的借方表示增加，期初期末余额均在借方；负债和所有者权益类账户的贷方表示增加，期初期末余额均在贷方。

上述两类账户的内部关系用公式表示为

资产类账户期末余额＝期初余额＋本期借方发生额－本期贷方发生额

负债类账户期末余额＝期初余额＋本期贷方发生额－本期借方发生额

成本类账户和费用类账户结构与资产类账户的结构相同，所有者权益类账户和收入类账户结构与负债类账户的结构相同。

现将各类账户借、贷双方登记的增减情况归纳如表 1.10 所示。

表 1.10　各类账户借、贷双方登记的增减情况

账户类别	借方登记	贷方登记	账户余额
资产类账户	增加	减少	期末余额在借方
负债类账户	减少	增加	期末余额在贷方
所有者权益账户	减少	增加	期末余额在贷方
成本、费用类账户	增加	减少	平时余额在借方
收入类账户	减少	增加	平时余额在贷方

注：收入类账户、费用类账户平时有余额，期末结转后应无余额。

(3) 借贷记账法的记账规则。借贷记账法的记账规则为有借必有贷，借贷必相等，即对于每一笔经济业务都要在两个或两个以上相互联系的账户中以借方和贷方相等的金额进行登记。一个账户记借方，另一个账户一定记贷方。

(4) 借贷记账法的试算平衡。试算平衡是指根据资产与权益的恒等关系以及借贷记账法的记账规则，检查所有账户记录是否正确的过程，包括发生额试算平衡法和余额试算平衡法。

① 发生额试算平衡法。它是根据本期所有账户借方发生额合计与贷方发生额合计的恒等关系，检验本期发生额记录是否正确的方法，其公式为

全部账户本期借方发生额合计＝全部账户本期贷方发生额合计

② 余额试算平衡法。它是根据本期所有账户借方余额合计与贷方余额合计的恒等关系，检验本期账户记录是否正确的方法。其根据余额时间不同又分为期初余额平衡与期末余额平衡两类。期初余额平衡是期初所有账户借方余额合计与贷方余额合计相等，期末余额平衡是期末所有账户借方余额合计与贷方余额合计相等，这是由"资产＝负债＋所有者权益"的恒等关系决定的。其公式为

全部账户的借方期初余额合计＝全部账户的贷方期初余额合计
全部账户的借方期末余额合计＝全部账户的贷方期末余额合计

在实际工作中，余额试算平衡通过编制试算平衡表方式进行。

【例1.3】已知某企业2020年4月初有关账户余额(见表1.15期初余额栏)，本月发生下列业务。

(1) 收回应收账款21 000元存入银行。(表示银行存款增加，应收账款减少)。
(2) 以银行存款20 000元归还短期借款。(表示短期借款减少，银行存款减少)。
(3) 以银行存款23 000元缴纳应交税费。(表示应交税费减少，银行存款减少)。
(4) 收到投资者投入资金50 000元存入银行。(表示银行存款增加，实收资本增加)。
(5) 以银行存款35 000元偿还应付账款。(表示应付账款减少，银行存款减少)。

要求：编制4月30日"账户试算平衡表"(见表1.11)。

表1.11　账户试算平衡

2020年4月30日

会计科目	期初余额		本期发生额		期末余额	
(账户)	借　方	贷　方	借　方	贷　方	借　方	贷　方
银行存款	831 000		71 000	78 000	824 000	
应收账款	68 000			21 000	47 000	
短期借款		30 000	20 000			10 000
应付账款		54 000	35 000			19 000
应交税费		33 000	23 000			10 000
实收资本		782 000		50 000		832 000
合　　计	899 000	899 000	149 000	149 000	871 000	871 000

四、会计分录

1. 会计分录的概念

会计分录简称分录,是指对某项经济业务事项标明其应借应贷账户及其金额的记录。会计分录包括3个要素,即记账方向(借、贷)、账户名称(会计科目)和金额。

按照所涉及账户的多少,会计分录可分为简单会计分录和复合会计分录。简单会计分录是指只涉及一个账户借方和另一个账户贷方的会计分录,即一借一贷的会计分录;复合会计分录是指由两个以上(不含两个)对应账户所组成的会计分录,即一借多贷、一贷多借或多借多贷的会计分录。

2. 会计分录的编制步骤

(1) 分析经济业务事项涉及的是资产(成本、费用)还是负债(所有者权益、收入)。

(2) 确定涉及哪些账户,是增加还是减少。

(3) 确定记入哪个(或哪些)账户的借方、哪个(或哪些)账户的贷方。

(4) 确定应借应贷账户是否正确,借贷方金额是否相等。

【例1.4】某企业发生下列业务,要求据此编制会计分录。

(1) 收到投资者投入资金80 000元存入银行。

分析:这笔业务,表示企业银行存款增加,应记入"银行存款"账户的借方;投资者投入资本增加,应记入"实收资本"账户的贷方。作会计分录如下:

借:银行存款　　　　　　　　　　　　　　　　　　　80 000
　　贷:实收资本　　　　　　　　　　　　　　　　　　　　80 000

(2) 以银行存款40 000元,归还短期借款。

分析:这笔业务,表示短期借款减少,应记入"短期借款"账户的借方;银行存款减少,应记入"银行存款"账户的贷方。作会计分录如下:

借:短期借款　　　　　　　　　　　　　　　　　　　40 000
　　贷:银行存款　　　　　　　　　　　　　　　　　　　　40 000

(3) 以银行存款53 000元,缴纳应交税费。

分析:这笔业务,表示应交税费减少,应记入"应交税费"账户的借方;银行存款减少,应记入"银行存款"账户的贷方。作会计分录如下:

借:应交税费　　　　　　　　　　　　　　　　　　　53 000
　　贷:银行存款　　　　　　　　　　　　　　　　　　　　53 000

(4) 收到投资者投入固定资产58 000元,已投入使用(暂不考虑增值税)。

分析:这笔业务,表示固定资产增加,应记入"固定资产"账户的借方;实收资本增加,应记入"实收资本"账户的贷方。作会计分录如下:

借:固定资产　　　　　　　　　　　　　　　　　　　58 000
　　贷:实收资本　　　　　　　　　　　　　　　　　　　　58 000

(5) 收回应收账款43 200元,存入银行。

分析:这笔业务,表示银行存款增加,应记入"银行存款"账户的借方;应收账款减少，应记入"应收账款"账户的贷方。作会计分录如下：

  借：银行存款   43 200

    贷：应收账款   43 200

(6) 以银行存款 45 800 元，购买固定资产(机器设备，暂不考虑增值税)。

分析：这笔业务，表示企业固定资产增加，应记入"固定资产"账户的借方；银行存款减少，应记入"银行存款"账户的贷方。作会计分录如下：

  借：固定资产   45 800

    贷：银行存款   45 800

(7) 将现金 1 900 元存入银行。

分析：这笔业务，表示企业银行存款增加，应记入"银行存款"账户的借方；库存现金减少，应记入"库存现金"账户的贷方。作会计分录如下：

  借：银行存款   1 900

    贷：库存现金   1 900

(8) 以现金 750 元支付企业管理部门水电费用。

分析：这笔业务，表示企业管理费用(水电费)增加，应记入"管理费用"账户的借方；库存现金减少，应记入"库存现金"账户的贷方。作会计分录如下：

  借：管理费用   750

    贷：库存现金   750

(9) 购买原材料 97 200 元，材料已入库，货款以银行存款支付。

分析：这笔业务，表示企业库存的材料增加，应记入"原材料"账户的借方；银行存款减少，应记入"银行存款"账户的贷方(暂不考虑增值税，下同)。作会计分录如下：

  借：原材料   972 000

    贷：银行存款   972 000

(10) 购买原材料 35 120 元，材料已入库，货款尚未支付。

分析：这笔业务，表示企业原材料增加，应记入"原材料"账户的借方；应付账款增加，应记入"应付账款"账户的贷方。作会计分录如下：

  借：原材料   35 120

    贷：应付账款   35 120

(11) 销售产品，售价金额 58 500 元，货款收到存入银行。

分析：这笔业务，表示企业银行存款增加，应记入"银行存款"账户的借方；销售收入增加，应记入"主营业务收入"账户的贷方(暂不考虑增值税销项税额)。作会计分录如下：

  借：银行存款   58 500

    贷：主营业务收入   58 500

(12) 销售产品，售价金额 23 400 元，货款尚未收到。

分析：这笔业务，表示企业应收账款增加，应记入"应收账款"账户的借方；销售收入增加，应记入"主营业务收入"账户的贷方。作会计分录如下：

  借：应收账款   23 400

　　　　　贷：主营业务收入　　　　　　　　　　　　　　　　　23 400

以上会计分录均为一借一贷的两个科目对应的简单分录。每个分录中有关账户之间只发生了应借应贷的相互关系，账户之间的这种应借应贷的相互关系，叫作账户对应关系。发生对应关系的账户叫作对应账户。在例1.41中，"银行存款"的对应账户就是"实收资本"，"实收资本"的对应账户就是"银行存款"。

　　(13) 销售产品，售价金额23 400元，增值税3 978元，款项收到20 000元存入银行，其余7 378元尚未收到。

　　分析：这笔业务，款项收到存入银行表示企业银行存款增加，应记入"银行存款"的借方，款项尚未收到表示企业应收账款增加，应记入"应收账款"账户的借方；销售收入增加，应记入"主营业务收入"账户的贷方，增值税的销项税额应记入"应交税费"账户的贷方。作会计分录如下：

　　借：银行存款　　　　　　　　　　　　　　　　　　　20 000
　　　　应收账款　　　　　　　　　　　　　　　　　　　　7 378
　　　　贷：主营业务收入　　　　　　　　　　　　　　　　23 400
　　　　　　应交税费　　　　　　　　　　　　　　　　　　 3 978

这笔业务的会计分录涉及二借二贷4个会计科目，为多借多贷的复合会计分录。对于增值税的会计处理以后讲述，本处从略。

五、记账凭证编制

在实际工作中，会计分录是填写在记账凭证上的。记账凭证按其适用的经济业务，可分为通用记账凭证和专用记账凭证

1. 记账凭证编制的基本要求

(1) 记账凭证各项内容必须完整，包括日期、编号、摘要、会计分录(科目)、金额合计、人员签章等必须完整。

(2) 记账凭证应按月连续编号，每月从第1号编起。一笔经济业务需要填制两张以上记账凭证的，可以采用分数编号法编号。

(3) 记账凭证的书写应清楚、规范，相关要求同原始凭证。

(4) 记账凭证可以根据每一张原始凭证填制，或根据若干张同类原始凭证汇总编制，也可以根据原始凭证汇总表填制，但不得将不同内容和类别的原始凭证汇总填制在一张记账凭证上。

(5) 除结账和更正错误的记账凭证可以不附原始凭证外，其他记账凭证必须附有原始凭证。

2. 通用记账凭证的格式和填制方法

通用记账凭证是适用于各种经济业务的具有统一格式的记账凭证。

(1) 通用记账凭证的格式。通用记账凭证的格式如表1.12所示。

表 1.12　记账凭证

年　　月　　日　　　　　　　　　　　　　　　记字第　　号

摘要	会计科目		借方金额										贷方金额										记账
	总账科目	明细科目	千	百	十	万	千	百	十	元	角	分	千	百	十	万	千	百	十	元	角	分	
合　　计																							

会计主管:　　　　　　审核:　　　　　　出纳:　　　　　　制单:

附件　　张

(2) 通用记账凭证的填制方法。

① 记账凭证上的"日期"填写的是编制本凭证的日期。

② 凭证右上角的"编号"填写编制凭证的顺序号,每月从第 1 号编起。

③ "摘要"填写对所记录的经济业务的简要说明。

④ 全部会计科目,按照先借后贷的顺序记入"会计科目"栏中的"总账科目"和"明细科目"。

⑤ "记账"是指该凭证已登记账簿的标记,防止经济业务事项重记或漏记。

⑥ "金额"是指该项经济业务事项的发生额,凭证中"借方金额"合计应与"贷方金额"合计相等。

⑦ 该凭证右边"附件××张"是指本记账凭证所附原始凭证的张数。

⑧ 最下边分别由制单、审核、会计主管等有关人员签章,以明确经济责任。

【例 1.5】某企业 2020 年 10 月 12 日,收到 A 投资者投入资金 88 800 元,存入银行(存入本单位开户的中国工商银行荷花支行,账号 2081)。

要求:填写通用"记账凭证"如表 1.13 所示。

表 1.13　记账凭证

2020 年 10 月 12 日　　　　　　　　　　　　　　记字第 19 号

摘要	会计科目		借方金额										贷方金额										记账
	总账科目	明细科目	千	百	十	万	千	百	十	元	角	分	千	百	十	万	千	百	十	元	角	分	
收到投资者	银行存款	工行2081				8	8	8	0	0	0	0				8	8	8	0	0	0	0	
投入资金	实收资本	A投资者																					
合　　计						¥	8	8	8	0	0	0	0			¥	8	8	8	0	0	0	0

会计主管:　　　　审核:　　　　出纳:　　　　制单: 王方民

附件 2 张

【例1.6】某企业2020年10月13日，向荣盛工厂购买B材料，买价47 800元，增值税8 126元，全部款项以银行存款支付40 000元，其余15 926元尚未支付，材料验收入库。

要求：填写通用"记账凭证"。

分析：这笔业务，材料验收入库表示企业库存的材料增加，应记入"原材料"账户的借方，增值税的进项税额应记入"应交税费"账户的借方(支付的增值税不计入材料的成本，以后详解)。款项以银行存款支付表示银行存款减少，应记入"银行存款"账户的贷方，款项尚未支付表示应付账款增加，应记入"应付账款"账户的贷方。作会计分录如下：

借：原材料　　　　　　　　47 800
　　应交税费　　　　　　　 8 126
　　　贷：银行存款　　　　　　　40 000
　　　　　应付账款　　　　　　　15 926

该分录填写在记账凭证上如表1.14所示。

表1.14 记账凭证

2020年10月13日　　　　　　　　　　　　　　记字第20号

摘 要	会计科目		借方金额									贷方金额									记账
	总账科目	明细科目	千	百	十	万	千	百	十	元	角	分	千	百	十	万	千	百	十	元	角	分	
购买原材料	原材料	B材料			4	7	8	0	0	0	0										
	应交税费	增值税				8	1	2	6	0	0										
	银行存款	工行2081												4	0	0	0	0	0	0	
	应付账款	荣盛工厂												1	5	9	2	6	0	0	
合 计			¥	5	5	9	2	6	0	0		¥	5	5	9	2	6	0	0		

会计主管：　　　　审核：　　　　出纳：　　　　　　　制单：王××

附件3张

3. 专用记账凭证的格式和填制方法

专用记账凭证是专门用来记录某一类经济业务(如收款业务、付款业务)的记账凭证，按其所记录内容是否与现金和银行存款的增减业务有关，可以分为收款凭证、付款凭证和转账凭证。

(1) 收款凭证的编制。收款凭证是指用于记录现金和银行存款收款业务的记账凭证。收款凭证左上角的"借方科目"按收款的性质填写"库存现金"或"银行存款"；"贷方科目"填写与收入现金或银行存款相对应的会计科目；"金额"是指该项经济业务事项的发生额。

【例1.7】2020年10月18日，收到应收的兴汉商场货款357 860元存入银行，填写"收款凭证"(见表1.15)。

表1.15 收款凭证

借方科目：银行存款　　　　　　　　2020年10月18日　　　　　　　　银收　字第20号

摘　　要	贷方科目		金　　额								
	总账科目	明细科目	百	十	万	千	百	十	元	角	分
收到应收货款	应收账款	兴汉商场		3	5	7	8	6	0	0	0
合　　计			¥	3	5	7	8	6	0	0	0

附件张

会计主管：　　　　　　审核：　　　　　　出纳：　　　　　　制单：高××

(2) 付款凭证的编制。付款凭证是指用于记录现金和银行存款付款业务的记账凭证。付款凭证的编制方法与收款凭证基本相同，只是左上角为"贷方科目"，付款凭证左上角的"贷方科目"按付款的性质填写"库存现金"或"银行存款"；凭证中间为"借方科目"填写与支付现金或银行存款相对应的会计科目。

【例1.8】2020年10月20日，购买A材料，买价56 000元，增值税9 520元，材料已入库，款项以银行存款支付，填写"付款凭证"(见表1.16)。

表1.16 付款凭证

贷方科目：银行存款　　　　　　　　2020年10月20日　　　　　　　　银付　字第29号

摘　　要	借方科目		金　　额								
	总账科目	明细科目	百	十	万	千	百	十	元	角	分
购买原材料	原材料	A材料			5	6	0	0	0	0	0
	应交税费	应交增值税			9	5	2	0	0	0	0
合　　计			¥	6	5	5	2	0	0	0	0

附件张

会计主管：　　　　　　审核：　　　　　　出纳：　　　　　　制单：高××

对于涉及"库存现金"和"银行存款"之间相互划转的经济业务，为避免重复记账，一般只编制付款凭证，不编收款凭证。例如，将现金存入银行(银行存款增加，库存现金减少)只需编制库存现金付款凭证；从银行存款中提取现金(库存现金增加，银行存款减少)只需编制银行存款付款凭证。

【例1.9】2020年10月25日，将现金2 900元存入银行，填写"付款凭证"(见表1.17)。

表 1.17　付款凭证

贷方科目：库存现金　　　　　　　2020 年 10 月 25 日　　　　　　　现付　字第 17 号

摘　要	借方科目		金　额								
	总账科目	明细科目	百	十	万	千	百	十	元	角	分
将现金存入银行	银行存款	工行 2081				2	9	0	0	0	0
合　　计						¥	2	9	0	0	0	0

附件　张

会计主管：　　　　　审核：　　　　　出纳：　　　　　制单：**高××**

　　(3) 转账凭证的编制。转账凭证是指用于记录不涉及现金和银行存款业务的记账凭证。转账凭证将经济业务事项中所涉及全部会计科目(不包括库存现金和银行存款科目)，按照先借后贷的顺序记入“会计科目”栏中的“总账科目”和“明细科目”，并按应借、应贷方向分别记入“借方金额”或“贷方金额”栏。其格式和填列方法与记账凭证基本相同。

　　【例 1.10】 某企业 2020 年 10 月 28 日，生产甲产品，领用 A 材料 15 900 元，领用 B 材料 12 700 元，填写“转账凭证”(见表 1.18)。

表 1.18　转账凭证

2020 年 10 月 28 日　　　　　　　转　字第 39 号

摘　要	会计科目		借方金额										贷方金额										记账
	总账科目	明细科目	千	百	十	万	千	百	十	元	角	分	千	百	十	万	千	百	十	元	角	分	
生产产品	生产成本	甲产品			2	8	6	0	0	0	0												
领用材料	原材料	A 材料													1	5	9	0	0	0	0		
	原材料	B 材料													1	2	7	0	0	0	0		
合　　计				¥	2	8	6	0	0	0	0		¥	2	8	6	0	0	0	0			

附件　张

会计主管：　　　　　审核：　　　　　制单：**高××**

六、记账凭证审核

　　记账凭证的审核内容主要包括内容是否真实、项目是否齐全、科目是否正确、金额是否正确、书写是否正确。

　　出纳人员在办理收款或付款业务后，应在凭证上加盖“收讫”或“付讫”的戳记，以避免重收重付。

七、会计凭证传递和保管

1. 会计凭证的传递

会计凭证的传递是指从会计凭证的取得或填制时起至归档保管过程中，在单位内部有关部门和人员之间的传送程序。

2. 会计凭证的保管

会计凭证的保管是指会计凭证记账后的整理、装订、归档和存查工作。

会计凭证的保管主要有以下要求。

(1) 会计凭证应定期装订成册，防止散失。

(2) 会计凭证封面应注明单位名称、凭证种类、凭证张数、起止号数、年度、月份、会计主管人员、装订人员等有关事项，会计主管人员和保管人员应在封面上签章。

(3) 会计凭证应加贴封条，防止抽换凭证。原始凭证不得外借。

(4) 每年装订成册的会计凭证，在年度终了时可暂由单位会计机构保管 1 年，期满后应当移交本单位档案机构统一保管。出纳人员不得兼管会计档案。会计档案的保管期限分永久和定期两类，按照会计档案管理办法的规定，会计凭证(包括原始凭证和记账凭证)的保管期限为15年。

【课后练习】

一、单选题

1. 会计的基本职能是(   )。

    A. 反映和核算   B. 核算和监督   C. 记账和报账   D. 计算和汇总

2. 企业的原材料或库存商品，属于会计要素中的(   )。

    A. 资产   B. 负债   C. 所有者权益   D. 收入

3. 企业的库存现金和银行存款属于(   )。

    A. 流动资产   B. 长期投资   C. 固定资产   D. 所有者权益

4. 在会计核算方法体系中，(   )是进行会计核算的起点和基本环节。

    A. 账产清查   B. 填制和审核凭证   C. 设置账户   D. 成本计算

5. 对会计对象的具体内容进行归类核算和监督的专门方法是(   )。

    A. 设置账户   B. 复式记账   C. 填制和审核凭证   D. 登记账簿

6. 下列会计科目，不属于负债类科目的是(   )。

    A. 短期借款   B. 应付账款   C. 预付账款   D. 应付利息

7. 下列会计科目，不属于所有者权益类科目的是(   )。

    A. 实收资本   B. 资本公积   C. 本年利润   D. 应付股利

8. 下列有关会计科目的说法，不正确的是(   )。

    A. 一级科目的名称和核算内容通常由会计制度(准则)规定

B. 会计科目是根据账户开设的

C. 在总账科目下，一般要设置明细科目

D. 明细科目可以由各单位自行规定

9. 负债类账户与( )账户的结构是相同的。

    A. 资产类   B. 所有者权益类   C. 成本类   D. 费用类

10. 资金在权益内部转化，会使得一项权益增加，另一项( )。

    A. 权益增加   B. 权益减少   C. 资产减少   D. 成本减少

11. 会计上所讲的"权益"，包括所有者权益和( )。

    A. 资产   B. 负债   C. 成本   D. 费用

12. 账户之间发生的应借应贷的相互关系，叫作( )。

    A. 账户对应关系   B. 账户平衡关系   C. 数量关系   D. 价值关系

13. "原材料"账户期初借方余额 7 000 元，借方本期发生额 8 000 元，贷方本期发生额 12 000 元，该账户的期末余额为( )。

    A. 借方 11 000 元   B. 贷方 9 000 元   C. 借方 3 000 元   D. 贷方 3 000 元

14. 在借贷记账法下，账户的贷方反映( )。

    A. 成本增加   B. 费用增加   C. 收入增加   D. 支出增加

15. "应交税费"账户期初贷方余额 6 000 元，借方本期发生额 7 000 元，贷方本期发生额 9 000 元，该账户的期末余额为( )。

    A. 借方 4 000 元   B. 贷方 8 000 元   C. 借方 8 000 元   D. 贷方 22 000 元

16. "应收账款"账户贷方所登记的金额合计称为( )。

    A. 期初余额   B. 本期增加发生额

    C. 期末余额   D. 本期减少发生额

17. 会计凭证按( )不同，可分为原始凭证和记账凭证。

    A. 编制程序和用途   B. 来源

    C. 填制方式   D. 反映数量和时间

18. 原始凭证按其填制手续及内容不同，可分为( )。

    A. 一次原始凭证   B. 累计原始凭证

    C. 转账凭证   D. 汇总原始凭证

19. 会计人员应根据审核无误的( )填制记账凭证。

    A. 原始凭证   B. 收款凭证   C. 付款凭证   D. 转账凭证

20. 记账凭证应当( )顺序编号。

    A. 按日   B. 按月   C. 按季   D. 按年

21. 将现金存入银行的业务，应填制的记账凭证是( )。

    A. 现金收款凭证   B. 银行存款收款凭证

    C. 现金付款凭证   D. 银行存款付款凭证

22. 下列业务不应编制转账凭证的是( )。

    A. 购买材料尚未付款   B. 以现金支付材料运费

    C. 车间领用材料   D. 销售商品尚未收款

二、多选题

1. 下列项目，属于流动资产的有(   )。

    A. 银行存款   B. 短期借款   C. 固定资产   D. 应收账款

2. 会计要素中的"资产"，其基本要点有(   )。

    A. 由企业过去的交易或事项所形成

    B. 是企业拥有或控制的资源

    C. 预期会给企业带来经济利益

    D. 使用期限均超过 1 年

3. 作为企业的"负债"，其基本要点有(   )。

    A. 企业过去的交易或事项形成

    B. 是企业的现时义务

    C. 预期会导致经济利益流出企业

    D. 预期会导致经济利益流入企业

4. 下列有关所有者权益的说法，正确的有(   )。

    A. 是一种剩余权益

    B. 是企业全部资产减去全部负债后的余额

    C. 是企业固定资产减去流动负债后的余额

    D. 包括实收资本的长期投资两个项目

5. 企业在日常活动中形成的收入，可能会引起企业(   )。

    A. 所有者权益增加   B. 所有者权益减少

    C. 资产增加   D. 资产减少

6. 对于会计要素中费用的说法，正确的有(   )。

    A. 在日常活动中发生   B. 在非日常活动中发生

    C. 会导致所有者权益减少   D. 能使企业的资产增加

7. 反映企业财务状况的会计要素包括(   )。

    A. 资产   B. 负债   C. 收入   D. 费用

8. 会计核算工作的 3 个基本环节是(   )。

    A. 填制和审核凭证   B. 登记账簿

    C. 财产清查   D. 编制财务会计报告

9. 下列属于企业会计核算内容的有(   )。

    A. 款项的收付   B. 财物的收发

    C. 债权债务的发生和结算   D. 资本的增减

10. 反映企业经营成果的会计要素有(   )。

    A. 资产   B. 利润   C. 收入   D. 费用

11. 企业获得的利润将使企业(   )。

    A. 所有者权益增加   B. 所有者权益减少

    C. 资产增加   D. 资产减少

12. 经济业务发生引起一项资产增加时，还可能引起(   )。

A. 另一项资产增加　B. 另一项资产减少

C. 一项负债增加　　　　　　　D. 一项所有者权益增加

13. 资产和所有者权益之间增减变动的类型有(　　)。

A. 同时增加　　　　B. 同时减少　　　　C. 有增有减　　　　D. 先增后减

14. 下列会计科目属于损益类科目的有(　　)。

A. 应交税费　　　　B. 销售费用　　　　C. 管理费用　　　　D. 财务费用

15. 一级科目又可以称为(　　)。

A. 总账科目　　　　B. 总分类科目　　　　C. 子目　　　　D. 细目

16. 下列会计科目属于资产类科目的有(　　)。

A. 银行存款　　　　B. 预付账款　　　　C. 预收账款　　　　D. 原材料

17. 下列(　　)账户,贷方记增加,借方记减少。

A. 应付账款　　　　B. 长期借款　　　C. 实收资本　　　　D. 固定资产

18. 在借贷记账法下,"借"这个记账符号可以表示(　　)。

A. 资产增加　　　　B. 负债减少　　　　C. 费用增加　　　　D. 收入增加

19. 在借贷记账法下,"贷"这个记账符号可以表示(　　)。

A. 资产减少　　　　　　　　　　B. 负债增加

C. 所有者权益增加　D. 所有者权益减少

20. 下列账户的期末余额通常在借方的有(　　)。

A. 短期借款　　　　B. 库存现金　　　　C. 应交税费　　　　D. 银行存款

21. 总分类账户和明细分类账户平行登记的要点可以概括为(　　)。

A. 同期登记　　　　B. 方向一致　　　　C. 方向相反　　　　D. 金额相等

22. 下列账户期末应结转本年利润,结转后没有余额的有(　　)。

A. 主营业务收入　　　　　　　　B. 主营业务成本

C. 营业外收入　　　　　　　　　D. 生产成本

23. 下列属于原始凭证的有(　　)。

A. 收料单　　　　　　　　　　　B. 增值税专用发票

C. 付款凭证　　　　　　　　　　D. 领料单

24. 原始凭证的审核内容,包括审核原始凭证的(　　)。

A. 完整性　　　　　B. 合法性　　　　C. 正确性　　　　D. 系统性

25. 原始凭证的基本内容包括(　　)。

A. 凭证的名称　　　　　　　　　B. 经济业务的数量、单价和金额

C. 填制凭证的日期　　　　　　　D. 会计科目

26. 下列属于记账凭证基本内容的有(　　)。

A. 填制凭证的日期　　　　　　　B. 经济业务摘要

C. 会计科目和金额　　　　　　　D. 所附原始凭证的张数

27. 下列科目可能是收款凭证借方科目的是(　　)。

A. 短期借款　　　　B. 应收账款　　　　C. 银行存款　　　　D. 库存现金

28. 下列科目可能是付款凭证借方科目的是(　　)。

  A. 应付账款   B. 应交税费   C. 销售费用   D. 应付职工薪酬

29. 记账凭证中同类业务的会计分录可以是( )。

  A. 一借一贷   B. 多借一贷   C. 一借多贷   D. 多借多贷

30. 会计机构、会计人员对( )的原始凭证有权不予接受。

  A. 不真实   B. 不准确   C. 不合法   D. 不完整

三、填空题

1. 会计是以_____为主要计量单位，反映和监督一个单位_____的一种经济管理工作。

2. 会计的基本职能包括_____和_____。

3. 会计要素中的"收入"，是指企业在_____中形成的，会导致_____增加的，与_____无关的经济利益的总流入。

4. 利润是指企业在一定会计期间的_____，包括_____减_____后的净额、直接计入当期利润的_____和_____等。

5. 企业的资金运动包括_____、_____和_____3种形式。

6. 会计要素是_____的具体化，我国企业会计要素有_____、_____、_____、_____、_____和_____六大要素。

7. 资产按流动性分类，可以分为_____和_____。负债按流动性分类，可以分为_____和_____。

8. 会计核算的方法主要包括_____、_____、_____、成本计算、财产清查、_____。

9. 企业所拥有的资产来源于两个方面：一是由_____投入的；二是企业的_____提供的。

10. 会计恒等式是资产＝_____＋_____。

11. 资金流入企业，会引起企业_____和_____同时增加，双方增加金额相等。

12. 会计科目是对_____的具体内容进行分类核算所规定的项目，会计科目按反映的经济内容不同，可分为_____、_____、_____、成本类和_____5类。

13. 会计科目按其提供的核算指标详细程度不同，可以分为_____和_____。

14. 账户是根据_____开设的，账户的基本结构分为两个部分，一部分反映_____，另一部分反映_____。

15. 通过账户记录的金额，可以提供_____、_____、_____和_____4个核算指标。

16. 复式记账法是对发生的每一笔_____，都必须以_____金额，在_____账户中相互联系地进行登记。

17. 借贷记账法是以_____这一会计恒等式作为记账原理，以_____作为记账符号，来反映_____变化的一种复式记账法。

18. 对于资产类账户，借方登记_____，贷方登记_____，余额在_____方。

19. 对于负债类账户，借方登记_____，贷方登记_____，余额在_____方。

20. 损益类账户中的收入账户贷方登记_____，费用账户的借方登记_____。

21. 会计分录是指对每一项经济业务，分别列示_____及其_____的一种记录，主要包括_____、_____、_____3个要素。

22. 借贷记账法的试算平衡有_____和_____两种。

23. 总分类账户是按照_____开设，用来提供_____的账户，它只用_____计量单位进行登记。

24. 会计凭证是具有_____用以记录_____和_____的书面证明，也是登记_____的依据。

25. 会计凭证按编制程序和用途不同，可分为_____和_____两类。

26. 原始凭证，又称_____，按其取得的来源不同，可分为_____和_____两类。

27. 原始凭证填制的基本要求是真实可靠、_____、_____、_____。

28. 原始凭证的审核，主要包括审核原始凭证的真实性、合法性、_____、_____。

29. 记账凭证是会计人员根据_____，对经济业务_____归类，确定_____后填制的，是据以登记_____的凭证。

30. 收款凭证是用于登记_____和_____收入业务的凭证，也是出纳人员收讫_____的凭证。

31. 会计凭证的传递是指会计凭证从_____之日起，到_____时为止，在本单位内部各有关部门和人员之间的传递程序和传递时间。

32. 会计档案的保管期限可分为_____和_____两类，定期保存的会计凭证应保管_____年。

四、判断题

1. 可以在1年内变现或者耗用的资产，属于非流动资产。（　）
2. 会计的核算职能从核算的内容来看，包括记账、算账、报账和用账。（　）
3. 会计的对象是指会计所核算和监督的内容。（　）
4. 所有者权益是指企业资产扣除负债后由所有者享有的剩余权益。（　）
5. 企业的应收账款属于流动资产，应付账款属于流动负债。（　）
6. "资产＝收入－费用"这一会计恒等式，也称会计方程式。（　）
7. 从数量上看，一个企业的资产和权益总额总是相等的。（　）
8. 以银行存款偿还应付账款，会引起资产和负债同时减少。（　）
9. 会计科目按反映的经济内容不同，可分为总分类科目和明细分类科目。（　）
10. 二级科目也叫子目，是介于一级科目和明细科目之间的科目。（　）
11. 所有总账科目下，都要设置二级科目和明细科目。（　）
12. 账户的性质是由该账户所反映的经济内容决定的。（　）
13. "实收资本"属于所有者权益类科目，"主营业务成本"属于损益类科目。（　）
14. 复式记账要求对发生的每一笔经济业务至少记入一个账户。（　）
15. 损益类账户的结构都是借方记增加，贷方记减少。（　）

16. 全部账户借方本期发生额合计等于全部账户贷方本期发生额合计。　　　　（　　）

17. 资产类账户的借方余额合计等于负债账户的贷方余额合计。　　　　　（　　）

18. 总分类账户是明细分类账户的从属账户，对明细分类账户起着控制作用。

（　　）

19. 资金在资产内部转化，使得一项资产增加，另一项资产减少，增减金额相等。

（　　）

20. 资金流入企业，可能引起企业一项资产增加，一项所有者权益减少。　　（　　）

21. 企业收回应收账款存入银行，会引起企业资产总额增加。　　　　　　（　　）

22. 总账科目和明细科目可以由国家统一规定，也可以由各单位自行规定。　（　　）

23. 填制和审核会计凭证是会计核算工作的起点和基础环节。　　　　　　（　　）

24. 记账凭证是由会计人员根据审核无误的收款凭证和付款凭证填制的。　　（　　）

25. 付款凭证左上方"贷方科目"可以填写"库存现金"或"银行存款"科目。

（　　）

26. 记账凭证与所附原始凭证的内容应相符、金额应相等。　　　　　　　（　　）

27. 从外单位取得的原始凭证必须盖有填制单位的公章，对外开出的原始凭证必须加盖本单位的公章。　　　　　　　　　　　　　　　　　　　　　　　　（　　）

28. 在实际工作中，会计分录是填写在记账凭证上的。　　　　　　　　　（　　）

29. 原始凭证和记账凭证都是由会计部门的会计人员填制。　　　　　　　（　　）

30. 记账凭证中的总账科目和明细科目都是由国家在会计制度中统一规定的。

（　　）

31. 原始凭证上不列示会计科目，记账凭证上列示会计科目。　　　　　　（　　）

32. 记账凭证上的借方金额合计数与贷方金额合计数应相等。　　　　　　（　　）

33. 通用记账凭证的格式及填制方法，与转账凭证基本相同。　　　　　　（　　）

34. 记账凭证的编号应按经济业务发生的顺序按年连续编号。　　　　　　（　　）

35. 原始凭证不得外借，经批准可以复制。　　　　　　　　　　　　　　（　　）

36. 原始凭证金额有错误的，应由出具单位重开或更正。　　　　　　　　（　　）

五、计算分析题

(一) 某企业 2020 年 9 月初开业，9 月 30 日有关财产物资的存在形态及来源渠道情况如下(其中 1～8 为占用项目，9～16 为来源项目)。

1. 各类房屋和建筑物 1 830 万元。

2. 生产车间各类机器设备 1 020 万元。

3. 存放在材料仓库的各种材料 810 万元。

4. 正在生产车间生产加工的在产品 120 万元。

5. 存放在成品仓库的各种产成品 930 万元。

6. 存放在保险柜的现金 0.3 万元。

7. 存放在银行的款项 150 万元。

8. 因销售商品应收取的款项 85.7 万元。

9. 投资者投入资本 3 500 万元。

10. 从银行取得短期借款 400 万元。

11. 从银行取得长期借款 600 万元。

12. 因购买材料应支付的款项 98 万元。

13. 应付未付借款利息 5 万元。

14. 应付给职工的各种工资福利 42 万元。

15. 应缴纳的各种税金 7 万元。

16. 企业当期实现的净利润 294 万元。

要求：指出这些财产物资的占用和来源，涉及哪类会计要素和会计科目，并填写表 1.19。

表 1.19 财产物资占用和来源分布

单位：万元

占用项目	会计要素	会计科目	金 额	来源项目	会计要素	会计科目	金 额
各类房屋	资产	固定资产	1 830	投入资本	所有者权益	实收资本	3 500
机器设备				短期借款			
各种材料				长期借款			
在产品				未付货款			
产成品				未付利息			
现金				应付工资			
存放在银行的款项				应缴纳的税金			
应收取的销货款项				实现的利润			
合 计				合 计			

(二) 某企业 4 月初有关账户余额见表 1.20 中期初余额栏，本月发生下列业务。

1. 收到投资者投入资金 80 000 元存入银行。

2. 取得短期借款 50 000 元存入银行。

3. 以银行存款 40 000 元购买原材料。

4. 购买原材料 10 000 元，货款尚未支付。

5. 从银行存款中提取现金 1 000 元。

6. 以现金 800 元偿还应付账款。

要求：熟悉借贷记账法下账户的基本结构，填写表 1.20。

表 1.20 试算平衡

会计科目	期初余额		本期发生额		期末余额	
	借 方	贷 方	借 方	贷 方	借 方	贷 方
银行存款	280 000					
库存现金	1 600					

(续表)

会计科目	期初余额		本期发生额		期末余额	
	借　方	贷　方	借　方	贷　方	借　方	贷　方
原材料	120 000					
应付账款		91 600				
短期借款		100 000				
实收资本	.	210 000				
合　　计	401 600	401 600				

(三) 某企业 6 月初有关账户余额如表 1.21 所示期初余额栏，本月发生下列业务。

1. 收回应收 A 工厂前欠的账款 51 000 元存入银行。

2. 以银行存款 30 000 元归还工商银行短期借款。

3. 以银行存款 23 000 元缴纳应交税费(增值税)。

4. 收到投资者(红光公司)投入资金 50 000 元存入银行。

5. 以银行存款 35 000 元偿还前欠 B 工厂的货款。

要求：

1. 编制本月业务的会计分录；

2. 编制 6 月 30 日试算平衡表，见表 1.21。

表 1.29　试算平衡

会计科目	期初余额		本期发生额		期末余额	
	借　方	贷　方	借　方	贷　方	借　方	贷　方
银行存款	831 000					
应收账款	68 000					
短期借款		30 000				
应付账款		54 000				
应交税费		33 000				
实收资本		782 000				
合　　计	899 000	899 000				

(四) 某企业 2020 年 10 月 31 日有关账户余额如表 1.22 所示。

表 1.22 账户余额

资　产	借方余额	权　益	贷方余额
库存现金	800	短期借款	41 000
银行存款	26 000	应付账款	8 000
应收账款	35 000	应交税费	7 000
原材料	22 000	长期借款	26 000
库存商品	28 000	实收资本	255 000
固定资产	200 000	盈余公积	9 800
在建工程	40 000	本年利润	5 000
合　计	351 800	合　计	351 800

要求：

1. 计算企业的货币资金、存货、流动资产、非流动资产、资产总额；
2. 计算企业的流动负债、非流动负债、负债总额、所有者权益总额。

六、会计分录题

某企业发生下列经济业务，要求编制会计分录。

1. 收到投资者投入资本 200 000 元，存入银行。
2. 借入半年期借款 100 000 元，存入银行。
3. 从银行存款中提取现金 2 800 元备用。
4. 以现金支付管理费用 700 元。
5. 以银行存款 50 000 元归还短期借款。
6. 以存款购进 A 材料 3900 元，材料已入库。
7. 购进 B 材料 4 500 元，材料已入库，货款尚未支付。
8. 以存款支付应付账款 4 500 元。
9. 销售甲产品一批，售价 88 000 元，货款收到存入银行。
10. 销售乙产品一批，售价 26 000 元，货款尚未收到。
11. 收到应收账款 26 000 元，存入银行。
12. 将现金 1 300 元存入银行。
13. 收到投资者投入的固定资产 180 000 元。

七、实训题

根据下列业务(原始凭证略)填写有关记账凭证。

1. 2020 年 11 月 5 日，购买 A 材料，买价 21 000 元，增值税 3 570 元，全部款项以银行存款支付。

要求：填写表 1.23 "付款凭证"。

表 1.23 付款凭证

贷方科目： 年 月 日 字第 号

摘　要	借方科目		金　额									
	总账科目	明细科目	百	十	万	千	百	十	元	角	分	
												附件
												张
合　计												

会计主管： 审核： 出纳： 制单：

2. 11 月 8 日，收到应收的兴汉商场货款 39 860 元存入银行。

要求：填写"收款凭证"，见表 1.24。

表 1.24 收款凭证

借方科目： 年 月 日 字第 号

摘　要	贷方科目		金　额									
	总账科目	明细科目	百	十	万	千	百	十	元	角	分	
												附件
												张
合　计												

会计主管： 审核： 出纳： 制单：

3. 11 月 9 日，将现金 1 800 元存入银行。

要求：填写"付款凭证"，见表 1.25。

表 1.25 付款凭证

贷方科目： 年 月 日 字第 号

摘　要	借方科目		金　额									
	总账科目	明细科目	百	十	万	千	百	十	元	角	分	
												附件
												张
合　计												

会计主管： 审核： 出纳： 制单：

4. 11月10日，生产甲商品，领用A材料15 800元，领用B材料2 790元。

要求：填写"转账凭证"，见表1.26。

表1.26 转账凭证

年　　月　　日　　　　　　　字第　　号

摘　　要	会计科目		借方金额										贷方金额										记账
	总账科目	明细科目	千	百	十	万	千	百	十	元	角	分	千	百	十	万	千	百	十	元	角	分	
	合　　计																						

会计主管：　　　　　　审核：　　　　　　记账：　　　　　　制单：

附件　张

5. 11月12日，销售甲商品，售价27 000元，增值税4 590元，全部款项收到存入银行。

要求：填写通用"记账凭证"，见表1.27。

表1.27 记账凭证

年　　月　　日　　　　　　　字第　　号

摘　　要	会计科目		借方金额										贷方金额										记账
	总账科目	明细科目	千	百	十	万	千	百	十	元	角	分	千	百	十	万	千	百	十	元	角	分	
	合　　计																						

会计主管：　　　　　　审核：　　　　　　制单：

附件　张

6. 11月15日，向荣盛工厂购买B材料，买价42 000元，增值税7 140元，运杂费760元，全部款项尚未支付，材料验收入库。

要求：填写通用"记账凭证"，见表1.28。

表 1.28　记账凭证

摘　要	会计科目		借方金额										贷方金额										记账
	总账科目	明细科目	千	百	十	万	千	百	十	元	角	分	千	百	十	万	千	百	十	元	角	分	
合　　计																							

年　　月　　日　　　　　　　　　字第　　号

附件　张

会计主管：　　　　　　　　审核：　　　　　　　　制单：

第二章

会 计 账 簿

【学习目标】

应　　知	应　　会
了解会计账簿的概念、分类。	(1) 掌握会计账簿登记的规则和方法。 (2) 掌握错账更正及对账、结账的方法。

【学习导读】

在日常工作中，经常听到人们说会计人员的主要工作就是记账，那么这个"账"到底是什么呢？账有什么作用，是怎样登记的，其登记规则又有哪些？账簿与会计凭证是什么关系？通过学习本章，你可以了解各种各样账的登记方法，使会计信息更加系统化、条理化。

第一节　会计账簿认知

一、会计账簿的概念

会计账簿是指由一定格式账页组成的，以经过审核的会计凭证为依据，全面、系统、连续地记录各项经济业务的簿籍。设置和登记账簿，是编制会计报表的基础，是连接会计凭证与会计报表的中间环节，在会计核算中具有重要意义。各单位应当按照国家统一的会计制度的规定和会计业务的需要设置会计账簿。

账户存在于账簿之中，账簿只是一个外在形式，账户才是它的真实内容。账簿与账户的关系是形式和内容的关系。

二、会计账簿的分类

(1) 账簿按用途分类，可分为序时账簿、分类账簿和备查账簿。

① 序时账簿。序时账簿又称日记账，是按照经济业务发生或完成时间的先后顺序逐日逐笔进行登记的账簿。在我国，大多数单位一般只设现金日记账和银行存款日记账。

② 分类账簿。分类账簿是对全部经济业务事项按照会计要素的具体类别而设置的分类账户进行登记的账簿。按照总分类账户分类登记经济业务事项的是总分类账簿，简称总账。按照明细分类账户分类登记经济业务事项的是明细分类账簿，简称明细账。分类账簿提供的核算信息是编制会计报表的主要依据。

③ 备查账簿。备查账簿简称备查簿，是对某些在序时账簿和分类账簿等主要账簿中都不予登记或登记不够详细的经济业务事项进行补充登记时使用的账簿。

(2) 账簿按外表形式分类，可分为订本账簿和活页账簿。

① 订本账簿。订本账簿是启用之前就已将账页装订在一起，并对账页进行了连续编号的账簿。其优点是便于顺序记载，账页不容易散失，能防止抽换账页，有利于会计账簿的完整。其缺点是不便于分工记账。这种账簿一般适用于总分类账、现金日记账、银行存款日记账。

② 活页账簿。活页账簿是在账簿登记完毕之前并不固定装订在一起，而是装在活页账夹中。当账簿登记完毕之后(通常是一个会计年度结束之后)，才将账页予以装订，加具封面，并给各账页连续编号。其优点是可以根据实际需要，随时添加账页，可以组织同时分工记账。其缺点是账页容易散失和被抽换。各种明细分类账一般采用活页账形式。

第二节　会计账簿的登记规则

一、会计账簿的基本内容

(1) 封面。其主要标明账簿的名称。

(2) 扉页。其主要列明科目索引、账簿启用和经管人员一览表(见表2.1)。

表2.1　经管人员一览

单位名称	北京××实业有限责任公司			
账簿名称	总分类账			
账簿页数	自第　1　页起至第　100　页止共　100　页			
启用日期	2020 年　　12　月　　1　日			
单位领导人签　　章	张三	会计主管人员签章	李四	

(续表)

经管人员职别	姓名	经管或接管日期	签章	移交日期	签章
记账人员	李四	2001 年 1 月 1 日	李四	年 月 日	王五
		2001 年　月　日		年 月 日	
		2001 年　月　日		年 月 日	
		2001 年　月　日		年 月 日	
		2001 年　月　日		年 月 日	
印花税票					

(3) 账页。账页是账簿用来记录经济业务事项的载体，包括账户的名称、登记账户的日期栏、凭证种类和号数栏、摘要栏、增减金额和余额栏、页次等基本内容。账户中登记本期增加的金额，称为本期增加发生额；登记本期减少的金额，称为本期减少发生额；增减相抵后的差额，称为余额，余额按照时间不同，分为期初余额和期末余额。其基本关系为

$$期末余额＝期初余额＋本期增加发生额－本期减少发生额$$

二、会计账簿的启用

启用会计账簿时，应当在账簿封面上写明单位名称和账簿名称，并在账簿扉页上附启用表。启用订本式账簿，应当从第一页到最后一页顺序编定页数，不得跳页、缺号。使用活页式账页，应当按账户顺序编号，并须定期装订成册；装订后再按实际使用的账页顺序编定页码，另加目录，记明每个账户的名称和页次。

三、会计账簿的记账规则

(1) 登记会计账簿时，应当将会计凭证日期、编号、业务内容摘要、金额和其他有关资料逐项记入账内，做到数字准确、摘要清楚、登记及时、字迹工整。

(2) 登记完毕后，要在记账凭证上签名或者盖章，并注明已经登账的符号，表示已经记账。

(3) 账簿中书写的文字和数字上面要留有适当空格，不要写满格，一般应占格距的1/2。

(4) 登记账簿要用蓝黑墨水或者碳素笔书写，不得使用圆珠笔(银行的复写账簿除外)或者铅笔书写。

(5) 下列情况，可以用红色墨水记账：按照红字冲账的记账凭证，冲销错误记录；在不设借贷等栏的多栏式账页中，登记减少数；在三栏式账户的余额栏前，如未印明余

额方向的，在余额栏内登记负数余额；根据国家统一的会计制度的规定可以用红字登记的其他会计记录。

(6) 各种账簿应按页次顺序连续登记，不得跳行、隔页。如果发生跳行、隔页，应当将空行、空页划线注销，或者注明"此行空白""此页空白"字样，并由记账人员签名或者盖章。

(7) 凡需要结出余额的账户，结出余额后，应当在"借或贷"等栏内写明"借"或"贷"等字样。没有余额的账户，应在"借或贷"栏内写用"平"字，并在"余额"栏用"0"表示。对于资产、成本、费用类账户，有公式

期末余额＝期初余额＋本期借方发生额－本期贷方发生额

对于负债、所有者权益、收入类账户，有公式

期末余额＝期初余额＋本期贷方发生额－本期借方发生额

(8) 每一账页登记完毕结转下页时，应当结出本页合计数及余额，写在本页最后一行和下页第一行有关栏内，并在摘要栏内注明"过次页"和"承前页"字样；也可将本页合计数及金额只写在下页第一行有关栏内，并在摘要栏内注明"承前页"字样。

四、账户记录的试算平衡

根据资产与权益的恒等关系以及借贷记账法"有借必有贷，借贷必相等"的记账规则，检查所有账户记录是否正确，可以采用两种试算平衡方法，即发生额试算平衡法和余额试算平衡法。

1. 发生额试算平衡法

它是根据本期所有账户借方发生额合计与贷方发生额合计的恒等关系，检验本期发生额记录是否正确的方法。其公式为

全部账户本期借方发生额合计＝全部账户本期贷方发生额合计

2. 余额试算平衡法

它是根据本期所有账户借方余额合计与贷方余额合计的恒等关系，检验本期账户记录是否正确的方法。根据余额时间不同，又分为期初余额平衡与期末余额平衡两类。期初余额平衡是期初所有账户借方余额合计与贷方余额合计相等，期末余额平衡是期末所有账户借方余额合计与贷方余额合计相等。其公式为

全部账户的借方期初余额合计＝全部账户的贷方期初余额合计
全部账户的借方期末余额合计＝全部账户的贷方期末余额合计

实际工作中，余额试算平衡通过编制试算平衡表方式进行。

【例2.1】总分类账户的试算平衡。

(1) 新成工厂2020年5月31日总分类账余额如表2.2所示。

表2.2 新成工厂总分类账余额

单位：元

资产类账户	金 额	负债及所有者权益类账户	金 额
库存现金	200	应付账款	45 000
银行存款	34 650	实收资本	300 000
应收账款	40 000		
原材料	70 150		
固定资产	200 000		
合 计	345 000	合 计	345 000

(2) 新成工厂2020年6月1~10日发生下列经济业务，会计人员编制记账凭证(以会计分录代替)，具体如下。

6月1日，收回应收账款20 000元，存入本单位银行。

记1# 借：银行存款 　　　　　　　　　　　　　　　　20 000
　　　　贷：应收账款 　　　　　　　　　　　　　　　　　　　20 000

6月2日，接受投资150 000元，存入本单位银行。

记2# 借：银行存款 　　　　　　　　　　　　　　　　150 000
　　　　贷：实收资本 　　　　　　　　　　　　　　　　　　　150 000

6月3日，从本单位银行提取现金500元备用。

记3# 借：库存现金 　　　　　　　　　　　　　　　　500
　　　　贷：银行存款 　　　　　　　　　　　　　　　　　　　500

6月5日，以银行存款1 000元购入原材料一批。

记4# 借：原材料 　　　　　　　　　　　　　　　　　1 000
　　　　贷：银行存款 　　　　　　　　　　　　　　　　　　　1 000

6月7日，以银行存款100 000元购入固定资产一台。

记5# 借：固定资产 　　　　　　　　　　　　　　　　100 000
　　　　贷：银行存款 　　　　　　　　　　　　　　　　　　　100 000

6月9日，购入原材料一批20 000元，货款未付。

记6# 借：原材料 　　　　　　　　　　　　　　　　　20 000
　　　　贷：应付账款 　　　　　　　　　　　　　　　　　　　20 000

6月10日，以银行存款45 000元，归还应付账款。

记7# 借：应付账款 　　　　　　　　　　　　　　　　45 000
　　　　贷：银行存款 　　　　　　　　　　　　　　　　　　　45 000

(3) 会计人员根据编制的记账凭证(以会计分录代)，登记总分类账户(见表 2.3~表2.9)。

表 2.3   总分类账

户名：库存现金

2020 年		凭证字号	摘　要	借　方	贷　方	借或贷	余　额
月	日						
6	1		期初余额			借	200
	3	记 3#	提取现金备用	500		借	700

表 2.4   总分类账

户名：银行存款

2020 年		凭证字号	摘　要	借　方	贷　方	借或贷	余　额
月	日						
6	1		期初余额			借	34 650
	1	记 1#	收回应收账款	20 000		借	54 650
	2	记 2#	接受投资	150 000		借	204 650
	3	记 3#	提取现金备用		500	借	204 150
	5	记 4#	购入原材料		1 000	借	203 150
	7	记 5#	购入固定资产		100 000	借	103 150
	10	记 7#	归还应付账款		45 000	借	58 150

表 2.5   总分类账

户名：应收账款

2020 年		凭证字号	摘　要	借　方	贷　方	借或贷	余　额
月	日						
6	1		期初余额			借	40 000
	1		收回应收账款		20 000	借	20 000

表 2.6   总分类账

户名：原材料

2020 年		凭证字号	摘　要	借　方	贷　方	借或贷	余　额
月	日						
6	1		期初余额			借	70 150
	5	记 4#	购入原材料	01 000		借	71 150
	9	记 6#	购入原材料	20 000		借	91 150

表 2.7 总分类账

户名：固定资产

2020年		凭证字号	摘　要	借　方	贷　方	借或贷	余　额
月	日						
6	1		期初余额			借	200 000
	7	记 5#	购入固定资产	100 000		借	300 000

表 2.8 总分类账

户名：应付账款

2020年		凭证字号	摘　要	借　方	贷　方	借或贷	余　额
月	日						
6	1		期初余额			贷	45 000
	9	记 6#	材料货款未付		20 000	贷	65 000
	10	记 7#	归还应付账款	45 000		贷	20 000

表 2.9 总分类账

户名：实收资本

2020年		凭证字号	摘　要	借　方	贷　方	借或贷	余　额
月	日						
6	1		期初余额			贷	300 000
	2	记 2#	接受投资		150 000	贷	450 000

(4) 10 日，会计人员计算出各总分类账户发生额、余额，编制总分类账试算表(见表 2.10)，检查总账登记的正确与否。

表 2.10 总分类账户发生额及余额试算

2020 年 6 月 10 日

分类账户	月初余额		本月发生额		月末余额	
	借　方	贷　方	借　方	贷　方	借　方	贷　方
库存现金	200		500		700	
银行存款	34 650		170 000	146 500	58 150	
应收账款	40 000			20 000	20 000	
原材料	70 150		21 000		91 150	
固定资产	200 000		100 000		300 000	
应付账款		45 000	45 000	20 000		20 000
实收资本		300 000		150 000		450 000
合　计	345 000	345 000	336 500	336 500	470 000	470 000

2020 年 6 月 1～10 日新成工厂有以下关系式：

全部账户本期借方发生额合计(336 500)＝全部账户本期贷方发生额合计(336 500)

全部账户的借方期初余额合计(345 000)＝全部账户的贷方期初余额合计(345 000)

全部账户的借方 10 日末余额合计(470 000)＝全部账户的贷方 10 日末余额合计(470 000)

以上说明总账登记基本无误。

第三节　会计账簿的格式和登记方法

一、分类账簿的格式

1. 三栏式账簿

三栏式账簿是设有借方、贷方和余额三个基本栏目的账簿。各种日记账、总分类账以及资本、债权、债务明细账都可采用三栏式账簿。其格式见表 2.11。

表 2.11　××分类账

户名：

年		凭证字号	摘　要	借　方	贷　方	借或贷	余　额
月	日						

2. 数量金额式账簿

数量金额式账簿的借方、贷方和余额 3 个栏目内，都分设数量、单价和金额三小栏，借以反映财产物资的实物数量和价值量。原材料、库存品、产成品等明细账一般都采用数量金额式账簿。其格式见表 2.12。

表2.12 "原材料"明细账

户名：

编号：

计量单位：

年		凭证字号	摘　要	借　方			贷　方			余　额		
月	日			数量	单价	金额	数量	单价	金额	数量	单价	金额

3. 多栏式账簿

多栏式账簿是在账簿的两个基本栏目借方和贷方按需要分设若干专栏的账簿。收入、费用明细账一般均采用这种格式的账簿。其格式见表2.13和表2.14。

表2.13 管理费用明细账

年		凭证字号	摘　要	借　方					贷方	余　额
月	日			公司经费	董事会费	审计费	咨询费	社会保险		

表2.14 应交税费——应交增值税明细账

日期	凭证字号	摘要	借　方			贷　方			借或贷	余　额
			合计	进项税额	已交税费	合计	销项税额	进项税额转出		

二、日记账的格式和登记方法

1. 现金日记账的格式和登记方法

(1)现金日记账的格式。现金日记账是用来核算和监督库存现金每天的收入、支出和结存情况的账簿，其格式主要是三栏式(见表2.15)。现金日记账必须使用订本账。

表 2.15　库存现金日记账

| 2020 年 | | 凭证 | 摘　　要 | 对方科目 | 借方 | 贷方 | 借或 | 余　　额 |
月	日	字号			(收入)	(支出)	贷	
							借	

(2) 现金日记账的登记方法。现金日记账由出纳人员根据同现金收付有关的记账凭证，按时间顺序逐日逐笔进行登记，并根据"上日余额＋本日收入－本日支出＝本日余额"的公式，逐日结出现金余额，与库存现金实存数核对，以检查每日现金收付是否有误。

2. 银行存款日记账的格式和登记方法

银行存款日记账是用来核算和监督银行存款每日的收入、支出和结余情况的账簿。银行存款日记账应按企业在银行开立的账户和币种分别设置，每个银行账户设置一本日记账。

银行存款日记账的格式和登记方法与现金日记账相同。为了方便与银行对账，银行存款日记账还设有"结算凭证种类与号数"栏，该栏根据所附的银行结算凭证的种类与号数登记。每日终了，应分别计算银行存款的收入、支出的合计数和余额，以便定期与银行对账单核对(见表 2.16)。

表 2.16　银行存款日记账

| 2020 年 | | 凭证 | 摘　　要 | 结算凭证 | 对方 | 借方 | 贷方 | 借或 | 余　　额 |
月	日	字号		种类与号数	科目	(收入)	(支出)	贷	

【例2.2】万业工厂 2020 年 8 月 1 日库存现金日记账余额为 5 000 元，银行存款日记账余额为 115 000 元。2020 年 8 月 1~5 日万业工厂发生下列出纳业务。

(1) 1 日，接银行收账通知(电汇 2245)，投资人东方集团投资款 100 000 元，已到账。

记 1#　借：银行存款　　　　　　　　　　　　　　　　　100 000

　　　　　贷：实收资本——东方集团　　　　　　　　　　　　100 000

(2) 1 日，开出支票(支票 3356)，提取现金 1 000 元备用。

记 2#　借：库存现金　　　　　　　　　　　　　　　　　1 000

　　　　　贷：银行存款　　　　　　　　　　　　　　　　　1 000

(3) 1 日，职工李红交来欠款 5 000 元，收现金(收据 125)。

记 3#　借：库存现金　　　　　　　　　　　　　　　　　5 000

　　　　　贷：其他应收款——李红　　　　　　　　　　　　5 000

(4) 1 日，厂部王伟借支差旅费 900 元，付给现金(借支 244)。

记 4#　借：其他应收款——王伟　　　　　　　　　　　900

　　　　　贷：库存现金　　　　　　　　　　　　　　　　　900

(5) 2 日，将现金 2 000 元存入银行(解款 2775)。

记 5#　借：银行存款　　　　　　　　　　　　　　　　　2 000

　　　　　贷：库存现金　　　　　　　　　　　　　　　　　2 000

(6) 2 日，以银行存款 20 000 元，归还前欠南方工厂货款(支票 3357)。

记 6#　借：应付账款——南方工厂　　　　　　　　　　20 000

　　　　　贷：银行存款　　　　　　　　　　　　　　　　20 000

(7) 3 日，开出税收缴款书(税款 5562)，上缴 7 月应交所得税 55 000 元，银行已划账。

记 7#　借：应交税费——所得税　　　　　　　　　　　55 000

　　　　　贷：银行存款　　　　　　　　　　　　　　　　55 000

(8) 3 日，开出支票(支票 3358)，提取现金 500 元备用。

记 8#　借：库存现金　　　　　　　　　　　　　　　　　500

　　　　　贷：银行存款　　　　　　　　　　　　　　　　　500

(9) 4 日，接银行收账通知(电汇 2388)，华运工厂还来前欠货款 20 000 元。

记 9#　借：银行存款　　　　　　　　　　　　　　　　　20 000

　　　　　贷：应收账款——华运工厂　　　　　　　　　　20 000

(10) 5 日，厂部王伟回厂，报销差旅费 800 元，原借支差旅费 900 元，交回现金 100 元(收据 126)。

记 10#　借：库存现金　　　　　　　　　　　　　　　　100

　　　　　　管理费用　　　　　　　　　　　　　　　　　800

　　　　　贷：其他应收款——王伟　　　　　　　　　　　900

出纳员根据有关凭证登记的库存现金日记账和银行存款日记账如表 2.17 和表 2.18 所示。

表 2.17   库存现金日记账

2020 年		凭证字号	摘 要	对方科目	借方(收入)	贷方(支出)	借或贷	余 额
月	日							
8	1		月初余额				借	5 000
	1	记2#	提取现金	银行存款	1 000		借	6 000
	1	记3#	李红交来欠款	其他应收款	5 000		借	11 000
	1	记4#	王伟借支差旅费	其他应收款		900	借	10 100
	2	记5#	将现金存入银行	银行存款		2 000	借	8 100
	3	记8#	提取现金	银行存款	500		借	8 600
	5	记10#	王伟报销差旅费	其他应收款	100		借	8 700

表 2.18   银行存款日记账

2020 年		凭证字号	摘 要	结算凭证种类与号码	对方科目	借方(收入)	贷方(支出)	借或贷	余 额
月	日								
8	1		月初余额					借	115 000
	1	记1#	东方集团投资款到账	电汇2245	实收资本	100 000		借	215 000
	1	记2#	提取现金备用	支票3356	库存现金		1 000	借	214 000
	2	记5#	现金存入银行	解款2775	库存现金	2 000		借	216 000
	2	记6#	归还前欠货款	支票3357	应付账款		20 000	借	196 000
	3	记7#	上缴所得税	税款5562	应交税费		55 000	借	141 000
	3	记8#	提取现金	支票3358	库存现金		500	借	140 500
	4	记9#	华运工厂还来前欠货款	电汇2388	应收账款	20 000		借	164 500

三、总分类账的格式和登记方法

1. 总分类账的格式

总分类账是按照总分类账户分类登记以提供总括会计信息的账簿。总分类账最常用的格式为三栏式,设置借方、贷方和余额 3 个基本金额栏目(见表 2.19)。

表 2.19 总分类账

户名：

年		凭证 字号	摘 要	借 方	贷 方	借或贷	余 额
月	日						

2. 总分类账的登记方法

总分类账可以根据记账凭证逐笔登记，也可以根据经过汇总的科目汇总表或汇总记账凭证等登记。

四、明细分类账的格式和登记方法

1. 明细分类账的格式

明细分类账是根据二级账户或明细账户开设账页，分类、连续地登记经济业务以提供明细核算资料的账簿，其格式有三栏式、数量金额式多栏式。

(1) 三栏式明细分类账。三栏式明细分类账是设有借方、贷方和余额 3 个栏目，用以分类核算各项经济业务，提供详细核算资料的账簿，其格式与三栏式总账格式相同。适用于只进行金额核算的账户。

(2) 数量金额式明细分类账。数量金额式明细分类账其借方(收入)、贷方(发出)和余额(结存)都分别设有数量、单价和金额 3 个专栏。其适用于既要进行金额核算又要进行数量核算的账户。

(3) 多栏式明细分类账。多栏式明细分类账是将属于同一个总账科目的各个明细科目合并在一张账页上进行登记，适用于成本、费用类科目的明细核算。

2. 明细分类账的登记方法

不同类型经济业务的明细分类账，可根据管理需要，依据记账凭证、原始凭证或汇总原始凭证逐日逐笔或定期汇总登记。固定资产、债权、债务等明细账应逐日逐笔登记；库存商品、原材料、产成品收发明细账以及收入、费用明细账可逐笔登记，也可定期汇总登记。

【例 2.3】新成工厂 2020 年 7 月发生下列有关管理费用的经济业务(记账凭证略)，会计人员登记管理费用明细账如下(见表 2.20)。

(1) 7 月 1 日，召开临时董事会，发生费用 1 800 元，以存款支付。

(2) 7 月 3 日，工厂行政管理部门报销办公费 300 元，付给现金。

(3) 7 月 25 日，支付管理咨询费 500 元，付给现金。

(4) 7 月 28 日，支付审计费 2 000 元，以存款支付。

(5) 7月30日，计提本月社会保险3 000元。

(6) 7月31日，将本月发生的管理费用结转至本年利润。

表 2.20　管理费用明细账

2020年		凭证字号	摘　要	借　方						贷　方	余　额
月	日			公司经费	董事会费	审计费	咨询费	社会保险	……		
7	1	(略)	临时董事会		1 800						1 800
	3		办公费	300							2 100
	25		咨询费				500				2 600
	28		审计费			2 000					4 600
	30		社会保险					3 000			7 600
	31		结转							7 600	0

五、总分类账户与明细分类账户的平行登记

1. 总分类账户与明细分类账户的关系

总分类账户对明细分类账户具有统驭控制作用，明细分类账户对总分类账户具有补充说明作用，总分类账户与其所属明细分类账户在总金额上应当相等。

2. 总分类账户与明细分类账户的平行登记

平行登记是指对所发生的每项经济业务事项，都要以会计凭证为依据，一方面记入有关总分类账户，另一方面记入有关总分类账户所属明细分类账户的方法。

总分类账户与明细分类账户的平行登记要求做到：所依据会计凭证相同、借贷方向相同、所属会计期间相同、记入总分类账户的金额与记入其所属明细分类账户的合计金额相等。

【例 2.4】远大工厂 2020 年 3 月 1 日原材料、应付账款的总分类账户余额和明细分类账户余额如表 2.21 和表 2.22 所示。

表 2.21　原材料

账户名称	数　量	计量单位	单位成本	明细账余额	总账余额
甲材料	2 000	只	10 元	20 000	
乙材料	800	千克	4 元	23 200	
原材料					23 200

表 2.22　应付账款

账户名称	明细账余额	总账余额
星光工厂	15 000	
长江工厂	12 000	
应付账款		17 000

3月份发生下列经济业务(增值税业务暂略)。

1日,购进表2.23所示材料,已验收入库,货款未付。

表2.23 购进材料

材料名称	数　量	单　价	金　额	供应单位
甲	3 000只	10元/只	30 000元	星光工厂
乙	1 000千克	4元/千克	14 000元	长江工厂

2日,用银行存款偿还星光工厂欠款25 000元,长江工厂欠款12 000元。

5日,生产车间领用表2.24所示材料生产A产品。

表2.24 领用材料

材料名称	数　量	单　价	金　额
甲	4 000只	10元/只	40 000元
乙	1 200千克	4元/千克	4 800元

15日,购进表2.25所示材料,已验收入库,泰山工厂货款,以银行存款付讫,其余暂欠。

表2.25 购进材料

材料名称	数　量	单　价	金　额	供应单位
甲	1 000只	10元/只	10 000元	泰山工厂
甲	2 500只	10元/只	25 000元	星光工厂
乙	2 000千克	4元/千克	18 000元	长江工厂

31日,用银行存款偿还星光工厂欠款10 000元,长江工厂欠款2 000元。

根据以上资料,作以下会计处理。

(1) 将2020年3月1日原材料、应付账款的总分类账户余额和明细分类账户余额记入账户中(其余账户暂略)。

(2) 根据3月份发生的经济业务编制记账凭证(以会计分录代替)。

```
1日 记1#  借:原材料——甲材料           30 000
                 ——乙材料            4 000
           贷:应付账款——星光工厂              30 000
                     ——长江工厂               4 000
2日 记2#  借:应付账款——星光工厂         25 000
                     ——长江工厂        12 000
           贷:银行存款                        37 000
5日 记3#  借:生产成本——A产品           44 800
           贷:原材料——甲材料                 40 000
                   ——乙材料                  4 800
```

15 日 记 4#   借：原材料——甲材料   35 000

　　　　　　　　　　　——乙材料   8 000

　　　　　　　贷：银行存款   10 000

　　　　　　　　　应付账款——星光工厂   25 000

　　　　　　　　　　　　　——长江工厂   8 000

31 日 记 5#   借：应付账款——星光工厂   10 000

　　　　　　　　　　　　　——长江工厂   2 000

　　　　　　　贷：银行存款   12 000

(3) 根据以上记账凭证(以会计分录代替)登记原材料与应付账款总账和所属明细分类账，并分别计算本期发生额合计和期末余额(见表 2.26 ~ 表 2.31)。

表 2.26 总分类账

户名：原材料

2020年		凭证字号	摘　要	借　方	贷　方	借或贷	余　额
月	日						
3	1		期初余额			借	23 200
	1	记1#	购入材料	34 000		借	572 00
	5	记3#	领用材料		44 800	借	124 00
	15	记4#	购入材料	43 000		借	55 400
	31		本月合计	77 000	44 800	借	55 400

表 2.27 原材料明细账

户名：甲材料

2020年		凭证字号	摘要	借　方			贷　方			余　额		
月	日			数量	单价	金额	数量	单价	金额	数量	单价	金额
3	1		期初余额							2 000	10	20 000
	1	记1#	购入	3 000	10	30 000				5 000	10	50 000
	5	记3#	领用				4 000	10	40 000	1 000	10	10 000
	15	记4#	购入	3 500	10	35 000				4 500	10	45 000
	31		本月合计	6 500		65 000	4 000		40 000	4 500	10	45 000

表 2.28 原材料明细账

户名：乙材料

2020年		凭证字号	摘要	借　方			贷　方			余　额		
月	日			数量	单价	金额	数量	单价	金额	数量	单价	金额
3	1		期初余额							800	4	3 200
	1	记1#	购入	1 000	4	4 000				1 800	4	7 200
	5	记3#	领用				1 200	4	4 800	600	4	2 400
	15	记4#	购入	2 000	4	8 000				2 600	4	10 400
	31		本月合计	3 000		12 000	1 200		4 800	2 600	4	10 400

表2.29 总分类账

户名：应付账款

| 2020年 | | 凭证字号 | 摘　　要 | 借　　方 | 贷　　方 | 借或贷 | 余　　额 |
月	日						
3	1		期初余额			贷	17 000
	1	记1#	购入材料		34 000	贷	51 000
	2	记2#	归还欠款	37 000		贷	14 000
	15	记4#	购入材料		33 000	贷	47 000
	31	记5#	归还欠款	12 000		贷	35 000
	31		本月合计	49 000	67 000	贷	35 000

表2.30 应付账款明细账

户名：星光工厂

| 2020年 | | 凭证字号 | 摘　　要 | 借　　方 | 贷　　方 | 借或贷 | 余　　额 |
月	日						
3	1		期初余额			贷	15 000
	1	记1#	购入材料		30 000	贷	35 000
	2	记2#	归还欠款	25 000		贷	10 000
	15	记4#	购入材料		25 000	贷	35 000
	31	记5#	归还欠款	10 000		贷	25 000
	31		本月合计	35 000	55 000	贷	25 000

表2.31 应付账款明细账

户名：长江工厂

| 2020年 | | 凭证字号 | 摘　　要 | 借　　方 | 贷　　方 | 借或贷 | 余　　额 |
月	日						
3	1		期初余额			贷	12 000
	1	记1#	购入材料		14 000	贷	16 000
	2	记2#	归还欠款	12 000		贷	14 000
	15	记4#	购入材料		18 000	贷	12 000
	31	记5#	归还欠款	12 000		贷	10 000
	31		本月合计	14 000	12 000	贷	10 000

六、总分类账户与明细分类账户的核对

总分类账户与明细分类账户平行登记后必然产生下列数量关系：

总分类账户本期发生额＝所属明细分类账户本期发生额合计

总分类账户期末余额＝所属明细分类账户期末余额合计

这些数量关系可以作为检验总分类账户与明细分类账户记录是否完整正确的依据。通常编制明细账户本期发生额及余额表，来进行总分类账户与明细分类账户的核对。

根据【例 2.4】编制原材料、应付账款明细账户本期发生额及余额表，如表 2.32 和表 2.33。

表 2.32　原材料明细账户本期发生额及余额

2020 年 3 月 31 日

明细账户 名　　称	期初余额		本期发生额		期初余额	
	借　方	贷　方	借　方	贷　方	借　方	贷　方
甲材料	20 000		65 000	40 000	45 000	
乙材料	3 200		12 000	14 800	10 400	
合　　计	23 200		77 000	44 800	55 400	

表 2.33　应付账款明细账户本期发生额及余额

2020 年 3 月 31 日

明细账户 名　　称	期初余额		本期发生额		期初余额	
	借　方	贷　方	借　方	贷　方	借　方	贷　方
星光工厂		15 000	35 000	55 000		25 000
长江工厂		12 000	14 000	12 000		10 000
合　　计		17 000	49 000	67 000		35 000

表 2.32 和表 2.33 的数据与有关总账核对结果相等，说明总账和明细账登记无误。

第四节　对账和结账

一、对账

对账即核对账目，也就是将账簿记录与会计凭证、财产物质核对，以及进行账簿记录之间有关数字的核对，以保证账簿记录的真实可靠。对账的主要内容包括账证核对、账账核对、账实核对。

1. 账证核对

账证核对是指核对会计账簿记录与原始凭证、记账凭证的时间、凭证字号、内容、金额是否一致，记账方向是否相符。

2. 账账核对

账账核对是指核对不同会计账簿之间的账簿记录是否相符。其包括总分类账簿有关账户的余额核对；总分类账簿与所属明细分类账簿核对；总分类账簿与序时账簿核对；明细分类账簿之间的核对。

3. 账实核对

账实核对是指各项财产物资、债权债务等账面余额与实有数额之间的核对。其包括现金日记账账面余额与库存现金数额是否相符；银行存款日记账账面余额与银行对账单的余额是否相符；各项财产物资明细账账面余额与财产物资的实有数额是否相符；有关债权债务明细账账面余额与对方单位的账面记录是否相符。

二、结账

1. 结账的程序

(1) 将本期发生的经济业务事项全部登记入账，并保证其正确性。

(2) 根据权责发生制的要求，调整有关账项，合理确定本期应计的收入和应计的费用(权责发生制下期末账项调整如：计提折旧、计提利息、计提销售税金等的会计分录，按权责发生制的要求确定本期收入和费用)。

(3) 将损益类科目结转入"本年利润"账户，结平所有损益类账户。

(4) 结算出资产、负债和所有者权益账户的本期发生额和余额，并结转下期。

(5) 结转后按借贷记账法的试算平衡方法，编制总分类账户试算平衡表。

2. 结账的方法

(1) 对不需按月结计本期发生额的账户，如应收应付款明细账等，每次记账以后，都要随时结出余额，每月最后一笔余额即为月末余额。月末结账时，只需要在最后一笔经济业务事项记录之下通栏划单红线，不需要再结计一次余额。

(2) 需要结计本期发生额的账户，如现金、银行存款日记账和收入、费用等明细账，每月结账时，要结出本月发生额和余额，在摘要栏内注明"本月合计"字样，并在下面通栏划单红线。

其结账方法如表 2.34～表 2.36 所示。

表 2.34　库存现金日记账

2020 年		凭证字号	摘　要	对方科目	借方(收入)	贷方(支出)	借或贷	余　额
月	日							
1	1		上年结转				借	3 000
	6	(略)	提取现金	银行存款	1 000		借	4 000
	20		张维借支差旅费	其他应收款		2 000	借	2 000
	28		李平交来欠款	其他应收款	1 500		借	2 500

（续表）

2020 年		凭证	摘　要	对方科目	借方	贷方	借或贷	余　额
月	日	字号			（收入）	（支出）		
	31		本月合计		1 500	2 000	借	2 500
2	3	（略）	提取现金	银行存款	3 000		借	5 500
	15		张维报销差旅费	其他应收款	1 100		借	5 600
	26		将现金存入银行	银行存款		3 000	借	2 600
	28		本月合计		3 100	3 000	借	2 600

表 2.35　库存现金日记账

2020 年		凭证	摘　要	对方科目	借　方	贷　方	借或贷	余　额
月	日	字号						
6	1		月初余额				借	2 500
	2	（略）	提取现金备用	银行存款	2 000		借	4 500
	8		支付办公用品费	管理费用		800	借	3 700
	15		胡斌交来欠款	其他应收款	500		借	4 200
			过次页		2 500	800	借	4 200

表 2.36　库存现金日记账

2009 年		凭证	摘　要	对方科目	借　方	贷　方	借或贷	余　额
月	日	字号						
			承前页		2 500	1 800	借	4 200
	26	（略）	赵军借支差旅费	其他应收款		1 000	借	3 200
	28		本月合计		2 500	1 800	借	3 200
7	2	（略）	零星销售收入	其他业务收入	2 340		借	5 540
			过次页		2 340	0	借	5 540

（3）总账账户平时只需结出月末余额。年终结账时，将所有总账账户结出全年发生额和年末余额，在摘要栏内注明"本年合计"字样，并在合计数下通栏划双红线。

（4）年度终了结账时，有余额的账户，要将其余额结转下年，并在摘要栏注明"结转下年"字样；在下一会计年度新建有关会计账户的第一行余额栏内填写上年结转的余额，并在摘要栏注明"上年结转"字样。

第五节　错账更正

账簿记录发生错误，不准涂改、挖补、刮擦或者用药水消除字迹，不准重新抄写，必须按下列方法更正。

一、划线更正法

在结账前发现账簿记录有文字或数字错误，而记账凭证没有错误，采用划线更正法。更正时，可在错误的文字或数字上画一条红线，在红线的上方填写正确的文字或数字，并由记账及相关人员在更正处盖章。对于错误的数字，应全部画红线更正，不得只更正其中的错误数字。对于文字错误，可只划去错误的部分。

【例2.5】在记账凭证没有错误的情况下，登记账簿发生的各种错误均可采用划线更正法进行更正，具体操作如下。

(1) 文字写错更正：如将摘要"购进原材料"误写为"领进原材料"，正确更正方法如表2.37所示。

表2.37 总分类账

户名：原材料

2009年		凭证 字号	摘 要	借 方	贷 方	借或贷	余 额
月	日						
6	1		月初余额			借	30 000
6	2	(略)	购进原材料 ××印章	11 700		借	41 700

(2) 数字写错更正：如下述账户中将贷方数字"2630"误写为"2360"，正确更正方法如表2.38所示。

(3) 方向记错更正：如将应记入贷方的金额"95 000"误记入了借方，正确更正方法见表2.39。

(4) 余额结错更正：如将借方余额计算错误，正确更正方法见表2.40。

表2.38 总分类账

户名：库存现金

2009年		凭证 字号	摘 要	借 方	贷 方	借或贷	余 额
月	日						
6	1		月初余额			借	5 200
6	4	(略)	购办公用品		2 630 2 360 ××印章	借	2 570

表 2.39　总分类账

户名：实收资本

2009 年		凭证字号	摘　要	借　方	贷　方	借或贷	余　额
月	日						
6	1		月初余额			贷	100 000
6	16	(略)	接受投资	95 000　××印章	95 000	贷	195 000

表 2.40　总分类账

户名：固定资产

2009 年		凭证字号	摘　要	借　方	贷　方	借或贷	余　额
月	日						
6	1		月初余额			借	85 000
6	19	(略)	购进新电脑	4 280		借	89 280 127 800　××印章

二、红字更正法

记账后在当年内发现记账凭证所记的会计科目错误，或者会计科目无误而所记金额大于应记金额，从而引起记账错误，采用红字更正法。其更正方法是：记账凭证会计科目错误时，用红字填写一张与原记账凭证完全相同的记账凭证，以示注销原记账凭证，并在摘要栏注明"注销某月某日某号凭证"字样，然后用蓝字填写一张正确的记账凭证，并据以记账，并在摘要栏注明"订正某月某日某号凭证"字样；记账凭证会计科目无误而所记金额大于应记金额时，按多记的金额用红字编制一张与原记账凭证应借、应贷科目完全相同的记账凭证，以冲销多记的金额，并据以记账。

【例 2.6】计提本月管理部门的房屋折旧 3 200 元，填制凭证时分录误作为"制造费用"，并已经登记入账。

原错误凭证上分录为

借：制造费用　　　　　　　　　　　　　　　　　　　　　　3 200

　　贷：累计折旧　　　　　　　　　　　　　　　　　　　　　　　3 200

月末结账前发现了上述错误，先用红字金额编制一张与错误分录相同的凭证，并登记入账，冲销原错误记录。其会计分录为

借：制造费用　　　　　　　　　　　　　　　　　　　　　　3 200

　　贷：累计折旧　　　　　　　　　　　　　　　　　　　　　　　3 200

其中，数字上的黑框代表红字金额。

然后用蓝字重新编制一张正确的记账凭证并登记入账。其会计分录为

借：管理费用　　　　　　　　　　　　　　　　　　　　　　　　　3 200
　　贷：累计折旧　　　　　　　　　　　　　　　　　　　　　　　　　3 200

此项错账更正在账户中的情况如下。

制造费用	累计折旧	管理费用
3 200	3 200	3 200
3 200	3 200	
	3 200	

【例 2.7】　生产甲产品领用原材料 1500 元，填制凭证时分录中应借应贷账户没有错，只是金额误记为 1800 元，并已登记入账。

原错误凭证上分录为

借：生产成本　　　　　　　　　　　　　　　　　　　　　　　　　1 800
　　贷：原材料　　　　　　　　　　　　　　　　　　　　　　　　　1 800

月末结账前发现了上述错误，此时可按多记的差额 300 元，用红字金额编制一张与错误分录账户相同的凭证，并登记入账，冲销原多记的 300 元金额，使账户中保留正确的金额。

其会计凭证上分录为

借：生产成本　　　　　　　　　　　　　　　　　　　　　　　　　300
　　贷：原材料　　　　　　　　　　　　　　　　　　　　　　　　　300

其中，数字上的黑框代表红字金额。

此项错账更正在账户中的情况如下。

生产成本	原材料
1 800	1 800
300	300

三、补充登记法

记账后发现记账凭证填写的会计科目无误，只是所记金额小于应记金额时，采用补充登记法。其更正方法是：按少记的金额用蓝字编制一张与原记账凭证应借、应贷科目完全相同的记账凭证，以补充少记的金额，并据以记账。

【例 2.8】会计小刘在处理业务"接银行通知收到工厂汇还前欠货款 23 400 元"时，所作会计分录为

借：银行存款　　　　　　　　　　　　　　　　　　　　　　　　　23 000
　　贷：应收账款　　　　　　　　　　　　　　　　　　　　　　　　23 000

并已登记入账，请帮助小刘用正确的方法更正。

更正时的会计凭证分录为

借：银行存款　　　　　　　　　　　　　　　　　　　　　　　　　400

　　　　贷：应收账款　　　　　　　　　　　　　　　　　　　400
　　并登记入账。
　　此项错账更正在账户中的情况如下。

银行存款			应收账款
23 000		23 000	
400		400	

第六节　会计账簿更换与保管

一、会计账簿的更换

　　会计账簿的更换通常在新会计年度建账时进行。总账、日记账和多数明细账应每年更换一次。备查账簿可以连续使用。

二、会计账簿的保管

　　年度终了，各种账户在结转下年，建立新账后，一般都要把旧账送交总账会计集中统一管理。会计账簿暂由本单位财务会计部门保管一年，期满之后，由财务会计部门编造清册移交本单位的档案部门保管。库存现金和银行存款日记账按照规定应保管 25 年，总分类账及明细分类账簿应保管 15 年。

【课后练习】

一、单选题

1. 总分类账也称(　　)。
　　A. 明细分类账　　　　B. 总账　　　　　C. 明细账　　　　　D. 备查账
2. 将现金日记账账面余额与现金实际库存数相核对，称为(　　)。
　　A. 账证核对　　　　　B. 账账核对　　　C. 账实核对　　　D. 账表核对
3. 银行存款日记账账面余额每月与开户银行对账单核对，称为(　　)。
　　A. 账证核对　　　　　B. 账单核对　　　C. 账实核对　　　D. 账表核对
4. 活页式账簿主要适用于(　　)。
　　A. 现金日记账　　　　　　　　　　　B. 银行存款日记账
　　C. 总分类账　　　　　　　　　　　　D. 明细分类账

5. 登记账簿应以审核无误的( )为依据。

    A. 会计科目   B. 会计要素   C. 会计凭证   D. 会计报表

6. 年度结账后，应将各有关账户的( )结转下年度，过入新账。

    A. 年初余额   B. 本年增加发生额

    C. 本年减少发生额   D. 年末余额

7. 下列账户不采用多栏式明细分类账的有( )。

    A. 生产成本   B. 管理费用   C. 实收资本   D. 销售费用

8. 总分类账户和明细分类账户应进行平行登记，平行登记的要点不包括( )。

    A. 同方向登记   B. 反方向登记   C. 同时期登记   D. 同金额登记

二、多选题

1. 银行存款日记账( )。

    A. 由出纳人员登记   B. 由会计人员登记

    C. 账页格式为三栏式   D. 账页格式为数量金额式

2. 下列有关总分类账的说法，正确的有( )。

    A. 按照总分类科目设置   B. 采用订本式账簿

    C. 账页格式为三栏式   D. 根据原始凭证登记

3. 下列账户的明细账格式采用数量金额式的有( )。

    A. 应收账款   B. 应付账款   C. 原材料   D. 库存商品

4. 登记总分类账的依据可以是( )。

    A. 记账凭证   B. 原始凭证汇总表

    C. 明细分类账   D. 汇总记账凭证

5. 错账查找的方法一般有( )。

    A. 顺查法和逆查法   B. 抽查法和偶合法

    C. 补充登记法   D. 平行登记法

6. 下列账户的明细账格式采用三栏式的有( )。

    A. 应收账款   B. 短期借款   C. 原材料   D. 实收资本

7. 作为账簿主体的账页一般包括( )。

    A. 账户名称   B. 记账日期   C. 摘要栏   D. 金额栏

8. 登记账簿时，应将会计凭证的( )逐项过入账内。

    A. 日期   B. 编号

    C. 经济业务内容摘要   D. 金额

9. 登记明细分类账的依据可以是( )。

    A. 记账凭证   B. 原始凭证

    C. 原始凭证汇总表   D. 总分类账

10. 下列说法正确的有( )。

    A. 明细分类账也称明细账   B. 备查账也称辅助账

    C. 日记账也称序时账   D. 活页账也称卡片账

11. 一般情况下，企业的(　　)应每年更换一次。

    A. 总账   B. 日记账

    C. 大部分明细账   D. 固定资产明细账

12. 可以用于登记银行存款日记账的会计凭证有(　　)。

    A. 银行存款收款凭证   B. 银行存款付款凭证

    C. 现金收款凭证   D. 现金付款凭证

13. 在登记账簿时，发生的记账错误常见的有(　　)。

    A. 漏记重记   B. 账户过错   C. 方向过错   D. 金额过错

三、填空题

1. 会计账簿是以_____为依据，全面系统、_____地记录各项经济业务的簿籍。它由具有_____的账页所组成。

2. 会计账簿是系统地、全面地归纳积累_____的工具，会计账簿资料是定期编制_____的依据。

3. 账簿按用途不同可分为_____、_____和_____三大类。

4. 日记账又称_____，企业的日记账主要有_____和_____。分类账又可分为_____和_____两种。

5. 账簿按外表形式不同可分为_____，_____，_____3种。

6. 现金日记账是由_____根据_____凭证，按照经济业务发生的_____，逐日逐笔登记的账簿。

7. 常用的明细分类账格式主要有_____、_____、_____3种。

8. 结账就是对一定时期账簿记录结算出_____和_____。结账包括按月、_____、_____结账。

9. 对账的内容包括账证核对、_____、_____和_____。

10. 会计账簿主要由_____、_____和_____3部分构成。

11. 错账更正的方法一般有_____、_____和_____。

12. 记账后如果发现记账凭证中应借应贷科目均无错误，只是_____小于_____，可用补充登记法更正。

13. 记账后发现记账凭证中的会计科目有错误，致使账簿记录错误，可用_____法更正。

14. 总分类账是根据_____开设账户，只采用_____登记，账页格式是_____。

15. 账页格式的"三栏式"包括_____、_____和_____3栏。

16. 账证核对是指根据各种账簿记录与_____及其_____进行核对。

四、判断题

1. 账簿按用途不同，可分为备查账和订本账。   (　　)

2. 现金日记账和银行存款日记账必须采用订本式账簿。   (　　)

3. 定期结账包括按月、按季、按年结账。   (　　)

4. 账证核对是指各种账簿记录与财产物资进行核对。   (　　)

5. 银行存款总账的期末余额应与银行存款日记账的期末余额核对相符。 (　　)

6. 登记账簿应做到内容完整、数字准确、摘要清楚、登记及时。 (　　)

7. 登记账簿时的日期既要写会计凭证上的日期,又要写实际登账日的日期。 (　　)

8. 结账工作一般都是在每月的月初进行的。 (　　)

9. 登记账簿必须用钢笔和黑墨水书写,也可使用铅笔和圆珠笔。 (　　)

10. 红色墨水一般只能在结账划线、书写本月合计、改错和冲账时使用。 (　　)

11. 凡要结出余额的账户,结出余额后应在"借或贷"栏内写明"借"或"贷"字样,以表示余额的方向。 (　　)

12. 各总分类账户的期末余额与所属各明细分类账户的期末余额之和应核对相符,这属于账账核对。 (　　)

13. "差额除二法"可以用来查找记账过程中由于记反方向而发生的差错。 (　　)

14. 原始凭证可以登记明细账,但不能登记总账。 (　　)

五、实训题

(一) 总分类账户的试算平衡。

目的:掌握总分类账户的试算平衡

资料:可可工厂 2020 年 4 月 31 日总分类账余额如表 2.41 所示。

表 2.41　总分类账余额

资产类账户	金　额	负债及所有者权益类账户	金　额
库存现金	600	短期借款	135 000
银行存款	103 950	实收资本	900 000
应收账款	120 000		
原材料	210 450		
固定资产	600 000		
合　计	1 035 000	合计	1 035 000

可可工厂 2020 年 5 月 1~10 日发生下列经济业务。

5 月 1 日,借入短期借款 120 000 元,存入本单位银行。

5 月 2 日,从本单位银行提取现金 1 000 元备用。

5 月 3 日,购入原材料一批 100 000 元,货款未付。

5 月 15 日,接受投资 200 000 元,存入本单位银行。

5 月 17 日,以银行存款 150 000 元购入固定资产一台,交付使用。

5 月 27 日,将现金 500 元,存入银行。

5 月 31 日,以银行存款 35 000 元,归还部分短期借款。

要求:

1. 根据表 3.68 开设总分类账户,见表 2.42~表 2.48。

2. 根据所发生经济业务编制记账凭证(以会计分录代)。

3. 根据编制的记账凭证(以会计分录代)，登记总分类账户。

4. 10 日结出总分类账户发生额、余额，编制总分类账试算表，检查总账登记的正确与否，见表 2.49。

表 2.42   总分类账

户名：库存现金

2020 年		凭证字号	摘 要	借 方	贷 方	借或贷	余 额
月	日						
5	1		期初余额			借	

表 2.43   总分类账

户名：银行存款

2020 年		凭证字号	摘 要	借 方	贷 方	借或贷	余 额
月	日						
5	1		期初余额			借	

表 2.44   总分类账

户名：应收账款

2020 年		凭证字号	摘 要	借 方	贷 方	借或贷	余 额
月	日						
5	1		期初余额			借	

表 2.45　总分类账

户名：原材料

2020年		凭证字号	摘　要	借　方	贷　方	借或贷	余　额
月	日						
5	1		期初余额			借	

表 2.46　总分类账

户名：固定资产

2020年		凭证字号	摘　要	借　方	贷　方	借或贷	余　额
月	日						
5	1		期初余额			借	

表 2.47　总分类账

户名：短期借款

2020年		凭证字号	摘　要	借　方	贷　方	借或贷	余　额
月	日						
5	1		期初余额			贷	

表 2.48　总分类账

户名：实收资本

2020年		凭证字号	摘　要	借　方	贷　方	借或贷	余　额
月	日						
5	1		期初余额			贷	

表 2.49　总分类账户发生额及余额试算

2020 年 5 月 31 日

总账科目	月初余额		本月发生额		月末余额	
	借　方	贷　方	借　方	贷　方	借　方	贷　方
库存现金						
银行存款						
应收账款						
原材料						
固定资产						
短期借款						
实收资本						
合　　计						

（二）某公司 2020 年 1 月 1 日银行存款日记账余额 56 890 元，1 月上旬发生下列银行存款收付业务，要求据此登记银行存款日记账(见表 2.50)。

2 日，从银行借入短期借款 80 000 元，存入银行。

3 日，以银行存款 62 000 元偿还应付账款。

4 日，从银行提取现金 3 800 元备用。

6 日，以银行存款购买固定资产 49 000 元。

8 日，销售产品一批，售价 51 000 元，增值税 8 670 元，款项存入银行。

9 日，购买材料一批，进价 31 000 元，增值税 5 270 元，款项以银行存款支付。

10 日，以银行存款支付产品销售费用 4 880 元。

表 2.50　银行存款日记账

年		凭证字号	摘　　要	对方科目	借　方	贷　方	余　额
月	日						

(三) 完成表 2.51 现金日记账。

表 2.51 库存现金日记账

年 月 日	凭证 字号	摘　要	对方 科目	借　方	贷　方	余　额
1		期初余额				980
3		销售产品收到现金 810 元				
5		以现金预借差旅费 700 元				
10		从银行提取现金 2100 元				
15		以 现金支付销售费 745 元				
20		以现金支付前欠货款 955 元				
25		以现金购买办公用品 290 元				
30		本月合计				

(四) 平行登记。

资料：可可工厂 2020 年 5 月 1 日原材料、应付账款的总分类账户余额和明细分类账户余额如表 2.52 和表 2.53 所示。

表 2.52 原材料

账户名称	数　量	计量单位	单位成本	明细账余额	总账余额
A 材料	10 000	千克	10 元	100 000	
B 材料	11 000	千克	12 元	112 000	
原材料					102 000

表 2.53 应付账款

账户名称	明细账余额	总账余额
正大工厂	15 000	
南海工厂	12 000	
应付账款		27 000

5 月份发生下列经济业务(增值税业务暂略)。

1 日，用银行存款偿还正大工厂欠款 5 000 元，南海工厂欠款 2 000 元。

5 日，购进表 2.54 所列材料，已验收入库，货款未付。

表 2.54 购入材料

材料名称	数　量	单　价	金　额	供应单位
A	5 000 千克	10 元/千克	50 000 元	正大工厂
B	2 000 千克	2 元/千克	4 000 元	南海工厂

15 日，生产车间领用如表 2.55 所示材料生产 A 产品。

表 2.55　领用材料

材料名称	数　量	单　价	金　额
A	4 000 千克	10 元/千克	40 000 元
B	1 000 千克	2 元/千克	2 000 元

25 日，购进如表 2.56 所示材料，已验收入库，货款暂欠。

表 2.56　购入材料

材料名称	数　量	单　价	金　额	供应单位
A	2 500 千克	10 元/千克	25 000 元	正大工厂
B	2 000 千克	2 元/千克	4 000 元	南海工厂

31 日，用银行存款偿还正大工厂欠款 14 000 元，南海工厂欠款 1 000 元。

要求：

1. 根据表 2.52、表 2.53 原材料、应付账款的总分类账户余额和明细分类账户余额记入账户中。

2. 根据发生的经济业务编制记账凭证(以会计分录代替)。

3. 登记原材料与应付账款总账和所属明细分类账，并分别计算本期发生额合计和期末余额，见表 2.57～表 2.62。

4. 根据平行登记的结果编制原材料、应付账款明细账户本期发生额及余额表，见表 2.63 和表 2.64。

表 2.57　总分类账

户名：原材料

2020年		凭证 字号	摘　要	借　方	贷　方	借或贷	余　额
月	日						
5	1		期初余额			借	

表 2.58 原材料明细账

户名：A 材料

2020 年		凭证	摘 要	借 方			贷 方			余 额		
月	日	字号		数量	单价	金额	数量	单价	金额	数量	单价	金额
5	1		期初余额									

表 2.59 原材料明细账

户名：B 材料

2020 年		凭证	摘 要	借 方			贷 方			余 额		
月	日	字号		数量	单价	金额	数量	单价	金额	数量	单价	金额
5	1		期初余额									

表 2.60 总分类账

户名：应付账款

2020 年		凭证	摘 要	借 方	贷 方	借或贷	余 额
月	日	字号					
5	1		期初余额			贷	

表 2.61 应付账款明细账

户名：正大工厂

2020 年		凭证	摘 要	借 方	贷 方	借或贷	余 额
月	日	字号					
5	1		期初余额			贷	

表 2.62　应付账款明细账

户名：南海工厂

2020 年		凭证字号	摘　要	借　方	贷　方	借或贷	余　额
月	日						
5	1		期初余额			贷	

表 2.63　原材料明细账户本期发生额及余额

2020 年 5 月 31 日

明细账户名　称	期初余额		本期发生额		期初余额	
	借　方	贷　方	借　方	贷　方	借　方	贷　方
A 材料						
B 材料						
合　计						

表 2.64　应付账款 明细账户本期发生额及余额

2020 年 5 月 31 日

明细账户名　称	期初余额		本期发生额		期初余额	
	借　方	贷　方	借　方	贷　方	借　方	贷　方
合　计						

(五) 错账更正。

1. 会计赵××在处理业务"开出现金支票 2 000 元，支付办公费"时，所作会计分录为

借：管理费用　　　　　　　　　　　　　　　　　　　　　　　2 000

　　贷：库存现金　　　　　　　　　　　　　　　　　　　　　　　　　2 000

并已登记入账，请用正确的方法帮助赵××更正。

2. 会计赵××在处理业务"黄河工厂汇还前欠货款 46 800 元"时，会计凭证无误，登记"应收账款"明细账时，将金额记入了借方，登记"银行存款"总账摘要时，把"黄河工厂"写成了"黄海工厂"，请用正确的方法进行更正。

3. 会计赵××在处理业务"向银行借入 6 个月借款 600 000 元"时，所作会计分录为

借：银行存款   60 000

    贷：短期借款   60 000

并已登记入账，请用正确的方法帮助赵××更正。

4. 会计赵××在处理业务"购买办公用品 920 元，现金支付"时，所作会计分录为

借：管理费用   1 920

    贷：库存现金   1 920

并已登记入账，请用正确的方法帮助赵××更正。

第三章

企业基本经济业务核算

【学习目标】

应　　知	应　　会
了解企业会计核算的主要内容及应设置的会计科目。	(1) 掌握企业筹集资金和资金退出核算。 (2) 掌握企业材料采购业务核算。 (3) 掌握企业生产过程核算。 (4) 掌握企业销售过程核算。 (5) 理解企业利润核算。 (6) 掌握企业经营过程总分类核算主要账户的用途结构及明细分类账户的设置。 (7) 掌握企业经营过程基本经济业务的账务处理(会计分录)。

【学习导读】

在校期间，我们每个月都会有一些生活费，你是怎样用你手中的钱的呢？要吃早餐、坐车、逛街，还要买日常用品……直到拿到下一次的生活费。像这样的一个过程，就是资金的一个流转过程。同样，对于企业来说，也应当知道资金是从哪里来的，又用到哪里去了？那么，企业的基本经济业务有哪些，又是怎样引起资金运动的，会计上怎样反映和核算？

第一节　企业筹集资金和资金退出核算

要建立一个企业，首先必须筹集一定数量的资金。企业筹资是指企业从各种渠道取得资金。企业资金的来源渠道主要是企业的所有者和企业的债权人。从企业所有者筹集的资金，即所有者投资，也称为企业的实收资本；从企业债权人筹集的资金，则属于企业的负债，如银行借款等。

一、实收资本核算

企业实收资本是指投资者按照企业章程或合同协议的约定，实际投入企业的资本，它是企业所有者权益中的主要部分。企业的资本按照投资主体不同，可分为国家投入资本、法人投入资本、个人投入资本和外商投入资本等；按照投入资本的不同物质形态，可分为货币投资、实物投资、证券投资和无形资产投资等。

1. 账户设置

为了反映和监督企业实收资本的增减变动情况，应设置"实收资本"账户。该账户属于所有者权益类账户，贷方登记实收资本的增加数额，借方登记实收资本的减少数额，期末贷方余额反映企业实有的资本数额，该账户应按投资人设置明细账户，进行明细分类核算。

企业收到投资者的投资应按实际投资额入账，企业对于投资者以现金投入的资本应当以实际收到或存入企业开户银行的金额作为实收资本入账。投资者以非现金资产投入的资本，应按投资各方确认的价值作为实收资本入账。

2. 核算示例

【例 3.1】某企业(××市荷花超市)2020 年 5 月 8 日，收到投资者(××市湘春工厂)投入资本 85 000 元现金，款项存入银行。原始凭证有"投资协议"(见表 3.1)和"现金解款单"(见表 3.2)。

要求：填制"记账凭证"(见表 3.3)。

表 3.1　投资协议

2020 年 5 月 8 日

投资单位	××市湘春工厂	接受投资单位	××市荷花超市
投资形式	货币(现金)	投资比例	15%
金额(大写)	人民币捌万伍仟元整		(小写)¥ 85 000.00
备注	按投资比例分配利润　　投资双方签章(略)		

表 3.2　现金解款单(回单)

日期：2020 年 5 月 8 日

收款单位	全　称	××市荷花超市	款项来源	部　门	
	账　号	08789		项　目	投资款
	开户银行	××市商业银行		经办人	陈光荣
金　额	人民币(大写)捌万伍仟元整			(小写)¥ 85 000.00	
票　面	张　数	金　额	备注		
100 元	850 张	85 000 元	开户银行收款签章(略)		

会计：　　　　　　　　　复核：　　　　　　　　　出纳：

表 3.3   记账凭证

2020 年 5 月 8 日   记　字第 8 号

摘　　要	会计科目		借方金额	贷方金额	记账
	总账科目	明细科目			
收到投资款	银行存款	商行 08789	85 000.00		
	实收资本	湘春工厂		85 000.00	
合　　计			¥ 85 000.00	¥ 85 000.00	

附件 2 张

会计主管：　　　　　　出纳：　　　　　　　审核：　　　　　　　制单：刘民

这项业务的发生属于资金进入企业，一方面企业的银行存款增加，应记入"银行存款"账户的借方，另一方面投资者对企业的投资也增加，应记入"实收资本"账户的贷方。

注意：下列有关业务应填制的"记账凭证"，有的用"会计分录"表示。

二、借入款项核算

企业在生产经营过程中，为了弥补生产经营资金的不足，经常需要向银行或其他金融机构等债权人借入资金，借入期限在 1 年(含 1 年)以下的各种借款称为短期借款，借入期限在 1 年以上的各种借款，称为长期借款。企业借入的各种款项，必须按规定用途使用，按期支付利息和按期归还。

1. 账户设置

为了反映和监督企业向银行或其他金融机构借入的款项，应设置"短期借款"和"长期借款"账户。"短期借款"账户属于负债类账户，贷方登记借入的短期借款，借方登记归还的短期借款，期末贷方余额反映企业尚未偿还的短期借款。该账户应按债权人设置明细账，并按借款种类进行明细核算。

"长期借款"账户属于负债类账户，贷方登记借入的长期借款，借方登记归还的长期借款，期末贷方余额反映企业尚未偿还的长期借款。该账户应按债权人设置明细账，并按借款种类进行明细核算。

2. 核算示例

【例 3.2】 企业从银行借入 1 年期借款 90 000 元，年利率 6%，款项存入银行。

分析：该项经济业务的发生，一方面使银行存款增加，应记入"银行存款"账户的借方，另一方面使企业的短期借款增加，应记入"短期借款"账户的贷方。

这项业务属于资金进入企业，作会计分录如下。

借：银行存款   90 000

　　贷：短期借款   90 000

发生的短期借款利息应当直接记入当期财务费用，借记"财务费用"账户，贷记"银行存款"账户，也可以采用按月预提的方式记入各月财务费用，按季结算，季末一次支付。

假定本例借款到期，企业归还短期借款的本金 90 000 元，并支付利息 5 400 元(原未预提)，这项业务属于资金退出企业，作会计分录如下。

借：短期借款　　　　　　　　　　　　　　　　　　　　　90 000

　　财务费用　　　　　　　　　　　　　　　　　　　　　　5 400

　　贷：银行存款　　　　　　　　　　　　　　　　　　　　95 400

【例 3.3】企业从银行借入两年期借款 200 000 元，年利率 7%，款项存入银行。

分析：该项业务属于资金进入企业，使企业的银行存款和长期借款都增加了 200 000 元，作会计分录如下。

借：银行存款　　　　　　　　　　　　　　　　　　　　200 000

　　贷：长期借款　　　　　　　　　　　　　　　　　　　200 000

如果该项借款的利息已按年支付，到期偿还长期借款本金时，则属于资金退出企业，作会计分录如下。

借：长期借款　　　　　　　　　　　　　　　　　　　　200 000

　　贷：银行存款　　　　　　　　　　　　　　　　　　　200 000

第二节　材料采购业务核算

在工业企业中，企业的生产经营过程由供应过程、生产过程和销售过程构成。在供应过程中，企业的主要经济业务是材料的采购和储存。采购过程是企业生产经营过程的第一阶段，在这一过程中企业以货币资金购买各种材料形成材料储备，以保证生产的需要。材料采购业务和因采购而同供应单位发生的结算业务是采购过程的主要经济业务，即一方面企业从供应单位购进各种材料物资，另一方面企业要支付材料的价款和各种采购费用，与供应单位发生货款结算关系。材料的买价加上各种采购费用，就构成了材料的采购成本。

一、账户设置

材料采购业务核算，需要设置的账户主要有"在途物资""原材料""应付账款""预付账款"和"应交税费"等账户。(注意：本书对于原材料采用实际成本进行核算，设置"在途物资"账户，不设置"材料采购"账户，对于"材料采购"账户核算方法将在财务会计课程讲解。)

(1) "在途物资"账户，属于资产类账户，核算企业采用实际成本进行材料物资的日常核算、货款已付尚未验收入库的在途物资的采购成本。该账户借方登记购买的尚未验收入库的在途材料的买价和采购费用；贷方登记已验收入库材料的实际成本。期末"在途物资"账户的借方余额表示已经付款、但尚未运达或尚未验收入库的在途材料的实际采购成本。该账户可按供应单位和材料品种设置明细账，进行明细分类核算。

(2) "原材料"账户，属于资产类账户，核算企业库存的各种材料的实际成本，该账户的借方登记已验收入库材料的实际成本，贷方登记发出材料的实际成本。期末借方余额表示库存材料的实际成本，该账户可按材料的保管地点、材料的类别、品种和规格设置材料明细账，进行明细分类核算。

(3) "应付账款"账户，属于负债类账户，核算企业因购买材料和接受劳务等经营活动应付给供应单位的款项，该账户的贷方登记应付供应单位的款项，借方登记已经实际偿还的款项，期末贷方余额反映企业尚未支付的应付账款余额，该账户应按供应单位(债权人)设置明细账，进行明细分类核算。

(4) "预付账款"账户，属于资产类账户，核算企业按照购货合同规定预付给供应单位的款项。该账户借方登记因购货而预付的款项，贷方登记收到所购货物而冲减的款项，期末借方余额反映企业实际预付的款项，该账户应按供应单位设置明细账，进行明细分类核算。

注意： 应付账款和预付账款的区别，两者都与购买材料有关。购买材料包括付款和收料两个环节，先收料后付款的是应付账款；预先付款以后收料的是预付账款；应付账款属于企业的负债，预付账款属于企业的资产。

(5) "应交税费"账户，属于负债类账户，核算企业应缴纳的各种税费(如增值税、消费税、所得税、城建税和教育费附加税等)，该账户贷方登记应缴纳的税费，借方登记实际缴纳的税费，期末贷方余额反映企业尚未缴纳的税费。该账户应按税费的种类(税费项目)设置明细账，进行明细核算。在缴纳增值税的一般纳税企业"应交税费"总账账户下，应设置"应交增值税"明细账户，该账户的借方还应登记企业购买材料时向供应单位支付的进项税额，贷方还应登记企业销售商品时向购货单位收取的销项税额。

二、企业材料采购核算

在学习本节内容时，对于企业购买的材料应区分是否验收入库而作不同的账务处理。购进的材料已验收入库的直接记入"原材料"账户，不通过"在途物资"账户；购进的材料尚未验收入库的应先通过"在途物资"账户，材料入库后再转入"原材料"账户。支付的采购费用(包括材料运输费、装卸费、保险费、包装费等)应计入材料的采购成本，通过"在途物资"或"原材料"账户。而一般纳税企业支付的增值税进项税额，不计入材料的采购成本，应记入"应交税费——应交增值税"账户的借方(下述所列明的会计事项均指能取得增值税专用发票的一般纳税人的账务处理)。

1. 购进的材料已验收入库

(1) 购入材料，支付材料的买价和增值税，材料已验收入库。

分析：企业采购的材料物资已验收入库，支付的采购价款直接记入"原材料"账户的借方，不通过"在途物资"账户，根据增值税专用发票上注明的可抵扣的增值税税额，借记"应交税费——应交增值税(进项税额)"账户，按照实际支付的总额，贷记"银行存款"等账户。如果货款尚未支付则贷记"应付账款"等账户。作会计分录如下。

借：原材料——××材料
　　应交税费——应交增值税(进项税额)
　　　贷：银行存款

(2) 支付材料的运杂费等采购费用。

分析：因采购的材料已验收入库，则支付的采购费用(运费)直接记入"原材料"账户。作会计分录如下。

借：原材料——××材料
　　　贷：银行存款

【例3.4】企业(××市益丰工厂)2020年5月9日从永旺工厂购入甲、乙两种材料，甲材料80吨，单价300元，乙材料90吨，单价350元，两种材料的增值税9 435元，材料已验收入库，款项采用转账支票结算(支付)。企业属于增值税一般纳税人，税务人登记号108068。增值税税率17%，企业地址：××市芙蓉中路××号，电话2834556，开户银行：××市商业银行中山支行，账号128384。

分析：该项业务的发生，一方面使企业入库材料增加55 500元，应直接记入"原材料"账户的借方，发生增值税进项税额9 435元，应记入"应交税费——应交增值税"账户的借方。另一方面使企业的银行存款减少64 935元，应记入"银行存款"账户的贷方。作会计分录如下。

借：原材料——甲材料　　　　　　　　　　　　　　　24 000
　　原材料——乙材料　　　　　　　　　　　　　　　31 500
　　应交税费——应交增值税(进项税额)　　　　　　　　9 435
　　　贷：银行存款　　　　　　　　　　　　　　　　　　　　64 935

2. 购进的材料尚未验收入库

(1) 购入材料，支付材料的买价和增值税，材料未到。

分析：企业采购材料物资，根据取得的增值税专用发票上记载的应计入采购成本的金额，借记"在途物资"等科目，根据增值税专用发票上注明的可抵扣的增值税税额，借记"应交税费——应交增值税(进项税额)"账户，按照实际支付的总额，贷记"银行存款"等账户。作会计分录如下。

借：在途物资——××材料
　　应交税费——应交增值税(进项税额)
　　　贷：银行存款

(2) 支付材料的运杂费等采购费用。

分析：因采购的材料尚未验收入库，则支付的采购费用(运费)记入"在途物资"账户。作会计分录如下。

借：在途物资——××材料
　　　贷：银行存款

(3) 材料验收入库，结转材料实际采购成本(包括买价和运费)。

分析：会计上"结转"是指将某一个账户的数额转到另一个账户，从而一个账户的金额减少，另一个账户的金额增加。本例在途物资结转原材料，表示原材料增加，在途物资减少。作会计分录如下。

借：原材料——××材料

  贷：在途物资——××材料

【例 3.5】 企业从永旺工厂购入甲材料，价款 110 000 元，运杂费 4 100 元，增值税 18 700 元，材料尚未验收入库，款项用存款支付。

分析：该项业务的发生，一方面使在途材料的采购成本增加 114 100 元(其中材料买价 110 000 元，运杂费 4 100 元)，应记入"在途物资"账户的借方，支付的增值税进项税额，应记入"应交税费"账户的借方，支付的全部款项应记入"银行存款"账户的贷方。作会计分录如下。

借：在途物资——甲材料   114 100

  应交税费——应交增值税(进项税额)   18 700

    贷：银行存款   132 800

因材料尚未验收入库，"在途物资"账户的期末借方余额表示企业在途材料的实际成本。以后已支付货款的甲材料验收入库时，作会计分录如下。

借：原材料——甲材料   114 100

    贷：在途物资——甲材料   114 100

3. 采用预付账款方式购买材料

在这种情况下，企业因购买材料按合同规定而预付的款项，记入"预付账款"账户(资产类)的借方，以后收到所购材料而冲减预付的款项时，记入"预付账款"账户的贷方。

【例 3.6】 企业按购货合同以存款 46 800 元，预付给永华工厂用以订购丙材料。

分析：该项业务的发生，一方面使企业的银行存款减少，应记入"银行存款"账户的贷方；另一方面预付货款增加，应记入"预付账款"账户的借方。作会计分录如下。

借：预付账款——永华工厂   46 800

    贷：银行存款   46 800

以后，企业收到永华工厂发来的丙材料并验收入库，材料价款 40 000 元，增值税 6 800 元，款项原已预付。

这项业务的发生，一方面使预付账款因冲销而减少，另一方面使材料的采购成本增加及发生了进项税额。作会计分录如下。

借：原材料——丙材料   40 000

  应交税费——应交增值税(进项税额)   6 800

    贷：预付账款——永华工厂   46 800

如果预付的账款与实收材料的价款金额不一致，则通过"银行存款"账户多退少补。

【例 3.7】 企业从永丰工厂购买丁材料，价款 51 000 元，运杂费 700 元，增值税 8670 元，货款通过银行支付 45 000 元，其余尚未支付，材料验收入库。

分析：该项业务的发生，一方面使企业入库材料采购成本增加 51 700 元(其中材料买价 51 000 元，运杂费 700 元)，应记入"原材料"账户的借方，发生的增值税进项税额 8 670 元，应记入"应交税费"账户的借方；另一方面使企业的银行存款减少 45 000 元，应记入"银行存款"账户的贷方，应付账款增加 15 370 元，应记入"应付账款"账户的贷方。作会计分录如下。

　　借：原材料——丁材料　　　　　　　　　　　　　　　　　　　　51 700
　　　　应交税费——应交增值税(进项税额)　　　　　　　　　　　　　8 670
　　　　　贷：银行存款　　　　　　　　　　　　　　　　　　　　　　45 000
　　　　　　　应付账款——永丰工厂　　　　　　　　　　　　　　　　15 370

以后，企业以银行存款 15 370 元实际支付前欠永丰工厂货款时，则使企业的应付账款和银行存款都减少了 15 370 元。作会计分录如下。

　　借：应付账款——永丰工厂　　　　　　　　　　　　　　　　　　15 370
　　　　　贷：银行存款　　　　　　　　　　　　　　　　　　　　　　15 370

第三节　企业生产过程核算

　　企业生产过程的业务就是制造产品业务。生产过程中，费用的发生、归集和分配，以及产品成本的形成和计算就构成了生产过程核算的主要内容。

一、账户设置

　　为了反映和监督生产费用的发生、归集和分配，正确计算产品生产成本，企业应设置"生产成本""制造费用""管理费用""应付职工薪酬""累计折旧"等账户。

　　(1)"生产成本"账户，属于成本类账户，核算企业生产各种产品所发生的生产费用，该账户的借方登记产品生产所发生的各项直接材料费用、直接人工费用及其他费用(如制造费用分配转入)，贷方登记验收入库的完工产品生产成本的结转数(即按产成品的实际成本，从"生产成本"账户的贷方结转到"库存商品"账户的借方)，期末借方余额反映企业尚未加工完成的在产品的成本。该账户应按产品的品种设置明细账，并按成本项目(如直接材料、直接人工)设专栏进行明细核算。

　　(2)"制造费用"账户，属于成本类账户，核算企业生产车间为生产产品和提供劳务而发生的各项间接费用，包括生产车间管理人员工资及福利费，生产车间发生的折旧费、办公费、水电费、劳动保护费及物料消耗等，这些间接费用发生时先在"制造费用"账户进行归集，在月末应分配计入产品的生产成本。该账户的借方登记本期发生的各种制造费用，贷方登记应由各种产品负担的制造费用的结转数(即从"制造费用"账户的贷方结转到"生产成本"账户的借方)，期末结转后该账户应无余额。该账户应按不同的车间设置明细账，并按费用项目设置专栏，进行明细核算。

　　(3)"管理费用"账户，属于损益类账户，核算企业(厂部)为组织和管理企业生产经营活动所发生的管理费用，包括行政管理部门职工工资及福利费，厂部发生的折旧费、修理费、办公费、水电费、劳动保险费、董事会费、差旅费、业务招待费等。该账户借方登记发生的各项管理费用，由于管理费用是一项期间费用，月末应将"管理费用"账户的余额转入"本年利润"账户，即从"管理费用"账户的贷方转入"本年利润"账户的借方，结转后该账户应无余额，该账户应按费用项目设置明细账，进行明细核算。

二、生产业务核算

企业制造业务发生的生产费用，应区分可以直接按产品归集的费用和不能按产品归集的费用两种情况。凡是只与一种产品生产有关的各项直接费用，如直接材料费用和直接人工费用等，应按产品进行归集，直接记入"生产成本"账户。凡是与两种或两种以上产品生产有关的直接费用，应按一定的标准分配后再记入"生产成本"账户。而与产品生产有关的各车间组织管理生产所发生的间接费用，应先通过"制造费用"账户进行归集，然后按一定的标准分配转入"生产成本"账户。

1. 材料费用核算

生产产品平时领用材料应填写"领料单"(见表3.4)，月末可将当月领料单进行汇总，编制当月发出材料汇总表。

表 3.4 领料单

领料部门：一车间　　　　　　　　2020 年 5 月 20 日　　　　　　　　仓库：仓4

材料编号	材料名称	规格	计量单位	数量		实际价格			备　注
				请领	实领	单位成本	金额	用途	
A23	丙材料	一等	件	80	80	65	5 200	生产 B 产品	
	合 计			80	80		5 200		

发料人：　　　　　　检验员：　　　　　　记账员：　　　　　　领料人：

【例3.8】企业本月根据领料单汇总，编制"发出材料汇总"(见表3.5)。要求作本月发出材料的会计分录。

表 3.5 发出材料汇总

2020 年 5 月 31 日　　　　　　　　金额单位：元

材料用途	甲 材 料			乙 材 料			丙 材 料			合计
	数量	单价	金额	数量	单价	金额	数量	单价	金额	金额
生产 A 产品	300	81	24 300				100	65	6 500	30 800
生产 B 产品				400	9	3 600	80	65	5 200	8 800
车间一般消耗	20	81	1 620	60	9	540				2 160
管理部门耗用				50	9	450				450
合　　计	320		25 920	510		4 590	180		11 700	42 210

会计：　　　　　　复核：　　　　　　制单：

分析：企业对于生产某种产品领用的材料记入"生产成本"账户的借方，生产车间一般耗用的材料记入"制造费用"账户的借方，企业行政管理部门一般耗用的材料记入"管理费用"账户的借方，发出的各种材料记入"原材料"账户的贷方。

该项业务的发生，一方面使企业的成本费用增加，另一方面使企业的原材料减少，作会计分录如下。

```
借：生产成本——A产品                        30 800
            ——B产品                         8 800
    制造费用                                2 160
    管理费用                                  450
  贷：原材料——甲材料                        25 920
            ——乙材料                        4 590
            ——丙材料                        11 700
```

2. 应付职工薪酬核算

应付职工薪酬是指企业根据有关规定应付给职工的各种薪酬，包括职工工资、奖金、津贴和补贴，职工福利费，社会保险费，住房公积金、工会经费、职工教育经费等。企业应当通过"应付职工薪酬"账户，核算应付职工薪酬的提取、结算等情况。

企业分配或提取职工薪酬(如工资)时，对于生产部门生产工人的职工薪酬，记入"生产成本"账户借方，车间管理部门人员的职工薪酬，记入"制造费用"账户借方；企业行政管理部门人员的职工薪酬，记入"管理费用"账户借方；销售人员的职工薪酬，记入"销售费用"账户借方，同时记入"应付职工薪酬——工资"账户贷方。企业按照有关规定向职工支付工资、奖金、津贴等，借记"应付职工薪酬——工资"账户，贷记"银行存款""库存现金"等账户。

【例3.9】企业分配本月职工工资总额76 000元。原始凭证"应付职工薪酬(工资)分配"(见表3.6)，并以银行存款(银行卡)直接支付。

表3.6 应付职工薪酬(工资)分配

2020 年 5 月 30 日

项 目	基本工资	津贴补贴	奖 金	工资总额	备 注
生产工人工资					
(A产品)	26 000	1 600	3 400	31 000	
(B产品)	22 000	1 000	3 000	26 000	
车间管理人员工资	4 000	600	1 400	6 000	
行政管理人员工资	9 000	1 600	2 400	13 000	
合 计	61 000	4 800	10 200	76 000	

会计主管：　　　　　　　　　　审核：　　　　　　　　　制单：

(1) 分配确认本月应付职工工资时，作会计分录如下。

借：生产成本——A 产品　　　　　　　　　　　　　　　　31 000

　　　　　　——B 产品　　　　　　　　　　　　　　　　26 000

　　制造费用——工资　　　　　　　　　　　　　　　　　6 000

　　管理费用——工资　　　　　　　　　　　　　　　　　13 000

　　　贷：应付职工薪酬——工资　　　　　　　　　　　　　　　76 000

(2) 实际向职工支付工资时，作会计分录如下。

借：应付职工薪酬——工资　　　　　　　　　　　　　　76 000

　　　贷：银行存款　　　　　　　　　　　　　　　　　　　　76 000

注意：企业如果以现金支付工资，则贷记"库存现金"账户。

3. 折旧费用核算

固定资产作为企业的主要劳动资料，它在使用过程中始终保持原有的实物形态，但它的价值会因使用磨损而逐渐减少，固定资产由于使用磨损而逐渐损耗的价值称为固定资产折旧。企业应按月计提固定资产折旧，生产车间的固定资产折旧费记入"制造费用"账户的借方，企业行政管理部门固定资产的折旧费记入"管理费用"账户的借方，企业计提的固定资产折旧，不直接冲减"固定资产"账户的账面价值，而是记入"累计折旧"账户的贷方。

"累计折旧"账户，属于资产类账户，又是"固定资产"账户的备抵调整账户，该账户贷方记增加，借方记减少，期末贷方余额反映企业提取的固定资产折旧累计数。"累计折旧"账户的贷方发生额实际上表示固定资产价值的减少额。期末用"固定资产"账户的借方余额减去"累计折旧"账户的贷方余额，其差额就是固定资产净值。

【例 3.10】企业月末计提本月车间使用的固定资产折旧 5 300 元，厂部使用的固定资产折旧 4 500 元。

分析：该项业务的发生，一方面使企业的成本费用增加，另一方面使企业的固定资产折旧额增加，作会计分录如下。

借：制造费用——折旧费　　　　　　　　　　　　　　　5 300

　　管理费用——折旧费　　　　　　　　　　　　　　　4 500

　　　贷：累计折旧　　　　　　　　　　　　　　　　　　　　9 800

4. 借款利息核算

短期借款利息一般按季结算(每季的第三个月支付)，季度的前两个月虽未支付，但已发生利息费用，因此应预提记入财务费用和应付利息。"应付利息"账户，属于负债类账户，核算企业本月应该负担但尚未支付的利息费用等。该账户贷方记增加，借方记减少。

【例 3.11】企业预提应由本月负担但本月尚未支付的短期借款利息 4 200 元。

分析：该项业务的发生，一方面使企业利息费用增加，应记入"财务费用"账户的借方，另一方面因利息尚未支付使应付利息增加，应记入"应付利息"账户的贷方。作会计分录如下。

借：财务费用——利息 4 200

　贷：应付利息——利息 4 200

5. 支付其他费用核算

这里所讲的其他费用主要有办公费、水电费等，这些费用发生在车间就记入"制造费用"账户，这些费用发生在厂部就记入"管理费用"账户。

(1) 支付办公费用。

【例3.12】企业(××市益丰工厂)以现金支付总务科报销企业管理部门办公用品费用480元，原始凭证有"零售发票"见表3.7。

表3.7　零售发票
发票联

客户(购货单位)：益丰工厂　　　　　　　　　　2020年5月12日

货物名称	单　位	数　量	单　价	金　额
办公用品A	个	30	6	180.00
办公用品B	个	30	10	300.00
合　计				480.00
金　额	人民币(大写)肆佰捌拾元整			现金付讫

收款单位：红旗商场　　　　复核：　　　　制单：　　　　经办人：总务科刘华云

分析：该项业务的发生，使企业的现金减少，管理费用增加，作会计分录如下。

借：管理费用——办公费 480

　贷：库存现金 480

(2) 支付电力费用。企业对于当月发生的电费，应区分动力用电和照明用电，动力用电的费用应记入产品的生产成本，照明用电的费用应记入制造费用(车间)和管理费用(厂部)。如果当月发生的电费当月尚未支付，则通过"应付账款"科目核算。月末根据电费清单，分配当月电费时(尚未支付)，作会计分录如下。

借：生产成本——××产品

　　制造费用——电费

　　管理费用——电费

　贷：应付账款——供电部门

以后实际支付电费时，借记"应付账款"，贷记"银行存款"账户。

6. 差旅费核算

企业发生的差旅费应记入"管理费用"账户，对于数额较大的差旅费也可以采用先预借后报销的做法。企业预先借给出差人员的差旅费应先通过"其他应收款"账户核算，待出差人员出差归来报销其差旅费时，企业再冲减"其他应收款"账户，转入"管理费用"账户。预借数与报销数之间的差额通过"库存现金"账户多退少补。

【例 3.13】企业 2020 年 5 月 8 日以现金预借厂长陈兵出差的差旅费 1 000 元,"借支单"见表 3.8。

分析:该项业务的发生,使企业的现金减少了,但出差的行为尚未发生或完成,所以企业对于预借的差旅费应记入"其他应收款"账户。作会计分录如下。

借:其他应收款——陈兵　　　　　　　　　　　　　　　　　　　　1 000
　　贷:库存现金　　　　　　　　　　　　　　　　　　　　　　　　　1 000

表 3.8　借支单
2020 年 5 月 8 日

姓名	陈兵		备注	
借款原因	出差开会			
借款金额(大写)	壹仟元整			
批准人	同意借款		借款人签名:陈兵	

单位主管:　　　　　会计:　　　　　复核:　　　　　记账:

5 月 12 日报销陈兵差旅费 1 000 元(其中往返车费 220 元,出差 5 天每天补贴 20 元,住宿 4 晚每晚 100 元,其他费用如会务费等 280 元),"差旅费报销单"见表 3.9。

表 3.9　差旅费报销单

部门:厂部　　　　　　　　　　　　　　　　　填报日期:2020 年 5 月 12 日

姓名	陈兵	出差事由	出差开会	出差日期	5 月 8 日
起讫时间	地点	车船费金额	出差补贴	住宿费	其他费用
5 月 8 日	资阳—B 市	110	5×20=100	4×100=400	280
5 月 12 日	B 市—资阳	110			
合　计		220	100	400	280
总计金额	壹仟元整		预支 1 000 元	核销 1 000 元	退还 0 元

报销差旅费时,根据差旅费报销单,作会计分录如下。

借:管理费用——差旅费　　　　　　　　　　　　　　　　　　　　1 000
　　贷:其他应收款——陈兵　　　　　　　　　　　　　　　　　　　1 000

【例 3.14】如果厂长陈兵出差归来,企业实际报销其差旅费 900 元,收回现金 100 元,已开具现金"收款收据"(本处略),结清原借支款 1 000 元。

分析:该项业务的发生对于实际报销的差旅费,一方面应记入"管理费用"账户,另一方面应冲减原记入"其他应收款"账户的预借款,贷记"其他应收款"账户,差额多退少补。作会计分录如下。

借:管理费用——差旅费　　　　　　　　　　　　　　　　　　　　900
　　库存现金　　　　　　　　　　　　　　　　　　　　　　　　　100
　　贷:其他应收款——陈兵　　　　　　　　　　　　　　　　　　　1 000

如果报销厂长差旅费为 1080 元,企业另向厂长补付现金 80 元,结清原借支款,则作会计分录如下。

借：管理费用——差旅费 1 080
　　贷：其他应收款——陈兵 1 000
　　　　库存现金 80

7. 月末结转制造费用

月份终了，企业应将本月发生的制造费用总额全数结转到产品的生产成本中去，借记"生产成本"账户，贷记"制造费用"账户。

【例3.15】月末，企业将本月发生的制造费用总额67 170元，全部结转到"生产成本"账户。

分析：该项业务的发生，一方面使企业的生产成本增加，另一方面使制造费用因结转而减少。作会计分录如下。

借：生产成本 67 170
　　贷：制造费用 67 170

8. 月末结转完工产品成本

企业本月生产的产品完工并验收入库，月末还应结转完工入库产品的实际生产成本，借记"库存商品"账户，贷记"生产成本"账户。如果产品没有生产完工，则不需要作结转分录，"生产成本"账户的期末借方余额表示尚未生产完工的在产品实际成本。

【例3.16】月末，企业计算并结转已完工入库A产品的实际生产成本98 175元。

分析：该项业务的发生，表明企业的在产品已生产完工，转化为产成品，一方面使企业的库存商品增加，另一方面使生产成本因结转而减少。作会计分录如下。

借：库存商品——A产品 98 175
　　贷：生产成本——A产品 98 175

注意：制造费用的分配和产品生产成本的计算，将在第4章中详细讲述。

第四节　企业销售过程核算

在销售过程中，企业将生产出来的产成品(即库存商品)销售给购买单位，并按规定向购买单位收取款项。企业取得商品销售收入的同时，还会发生销售成本、销售税金和销售费用，因此销售产品实现收入、办理结算、收回货款和增值税销项税额、计算产品销售成本、发生销售费用等业务，就构成销售过程的主要业务内容。

一、账户设置

销售过程核算，企业应设置"主营业务收入""主营业务成本""营业税金及附加"

"销售费用""应收账款""预收账款"等账户。

(1) "主营业务收入"账户，属于损益类账户，核算企业在销售商品、提供劳务等日常活动中所产生的收入，该账户的贷方登记企业销售商品或提供劳务实现的收入，借方登记期末结转到"本年利润"账户的数额。期末结转后该账户应无余额，该账户应按主营业务的种类设置明细账，进行明细核算。

(2) "主营业务成本"账户，属于损益类账户，核算企业因销售商品、提供劳务等日常活动而发生的实际成本，该账户的借方登记企业销售商品或提供劳务发生的实际成本，贷方登记期末结转到"本年利润"账户的数额。期末结转后该账户应无余额，该账户应按主营业务的种类设置明细账，进行明细核算。

(3) "销售费用"账户，属于损益类账户，用来核算企业销售商品过程中发生的费用，包括因销售商品发生的运输费、装卸费、包装费、保险费、展览费、广告费，以及为本企业销售商品而专设的销售机构的职工工资、福利费、社会保险费、业务费等经营费用，该账户的借方登记企业发生的各项销售费用，贷方登记期末转入"本年利润"账户的数额，结转后该账户应无余额，该账户应按费用项目设置明细账，进行明细核算。

(4) "营业税金及附加"账户，属于损益类账户，核算企业日常活动应负担的销售税金，借方登记应由主营业务负担的消费税、营业税、城建税及教育费附加，贷方登记期末结转到"本年利润"账户的数额，结转后该账户应无余额。

(5) "应收账款"账户，属于资产类账户，核算企业因销售商品、提供劳务等经营活动应收取的款项，该账户的借方登记发生的应收账款，贷方登记收回的应收账款，期末借方余额反映企业尚未收回的应收账款。该账户应按不同的购货单位设置明细账，进行明细核算。

(6) "预收账款"账户，属于负债类账户，核算企业按合同规定向购货单位预收的款项，贷方登记增加数，借方登记减少数，期末贷方余额反映企业已向购货单位预收的款项，该账户应按购货单位设置明细账，进行明细核算。

二、销售业务核算

1. 主营业务收入核算

工业企业主营业务收入主要是指销售产成品(库存商品)取得的收入。销售商品的收入，应按企业与购货方签订的合同或协议金额或双方接受的金额确定。其计算公式为

$$商品销售收入＝商品销售数量×单位售价$$

企业实现的商品销售收入应按实际收到或应收价款入账。商品销售收入确认时应按实际收到的价款(包括售价和销项税额)借记"银行存款"账户(如果价款尚未收到则借记"应收账款"账户)，按确认的收入金额贷记"主营业务收入"账户，按专用发票上注明的增值税额贷记"应交税金——应交增值税(销项税额)"账户。

【例 3.17】企业(××市红星工厂)向新一佳商场销售 A 产品 900 件，每件售价 200 元，增值税 30 600 元，已开具"增值税专用发票"(见表 3.10)，款项全部收到存入银行。

表 3.10 增值税专用发票

发 票 联

开票日期：2020 年 5 月 25 日

购货单位	名 称：新一佳商场 纳税人识别号：400678 地址、电话：芙蓉中路××号 开户银行及账号：建设银行东塘支行						密码区	
货物或应税劳务名称	规格型号	单位件	数量	单价	金额	税率	税额	
A 产品	25×50	件	900	200	180 000	17%	30 600	
合 计					¥ 180 000.00		¥ 30 600.00	
价税合计(大写)	贰拾壹万零陆佰元整					(小写)¥ 210 600.00		
销货单位	名 称：××市红星工厂 纳税人识别号：405789 地址、电话：芙蓉南路××号 开户银行及账号：工商银行红星支行						备注	

收款人： 复核： 开票人： 销货单位：红星工厂

分析：该项业务发生，一方面使企业的银行存款增加，另一方面使企业的销售收入、应交税费增加。会计上应按照销售收入和应收取的增值税税额，借记"银行存款"账户，按专用发票上注明的增值税税额，贷记"应交税费——应交增值税(销项税额)"账户，按照实现的销售收入，贷记"主营业务收入"账户。作会计分录如下。

借：银行存款 210 600

 贷：主营业务收入——A 商品 180 000

  应交税费——应交增值税(销项税额) 30 600

企业缴纳增值税时，借记"应交税费——应交增值税(已交税费)"账户，贷记"银行存款"账户。企业当期应交的增值税为当期销项税额减当期进项税额后的差额。

【例 3.18】企业向华润公司销售一批 A 产品，售价 61 000 元，增值税 10 370 元，商品已发出，已填写"托收凭证"(见表 3.11)委托银行收款，款项尚未收到。

分析：该项业务的发生，一方面使企业的应收账款增加，另一方面使企业的销售收入、应交税费增加。作会计分录如下。

借：应收账款——华润公司 71 370

 贷：主营业务收入——A 商品 61 000

  应交税费——应交增值税(销项税额) 10 370

表 3.11　托收凭证(受理回单)

委托日期: 2020 年 5 月 16 日　　　　　　　　　　付款期限:　　　年　　月　　日

业务类型	委托收款(□邮划　　□电划)			托收承付(□邮划　　□电划)											
付款人	全称	××市华润公司	收款人	全称	××市红星工厂										
	账号	169169		账号	158158										
	地址	开户行	工行王美支行	地址		开户行	工行红星支行								
金额	人民币(大写)柒万壹仟叁佰柒拾元整					千	百	十	万	千	百	十	元	角	分
								¥	7	1	3	7	0	0	0
款项内容	货款	托收凭据名称	货款	附寄单证张数	1										
商品发运情况	已发运		合同名称号码												
备注:	.	款项收妥日期													
复核 易伟　记账 李青		年　月　日	收款人开户银行签章												

【例 3.19】企业与永华公司签订销货合同,采用预收货款方式销售 B 产品,售价 52 000元,增值税 8 840 元,款项 60 840 元已预收存入银行, B 产品一个月后再发出。

分析:

(1) 企业收到永华公司预付的货款时,表示企业预收账款增加,此时不能确认收入,作会计分录如下。

借: 银行存款　　　　　　　　　　　　　　　　　　　　　　　　60 840

　　贷: 预收账款——永华公司　　　　　　　　　　　　　　　　　　　60 840

(2) 企业向永华公司发出商品时,确认收入并冲销预收账款,作会计分录如下。

借: 预收账款——永华公司　　　　　　　　　　　　　　　　　　60 840

　　贷: 主营业务收入——B 产品　　　　　　　　　　　　　　　　　52 000

　　　应交税费——应交增值税(销项税额)　　　　　　　　　　　　8 840

期末,企业应将"主营业务收入"账户的余额,结转"本年利润"账户,作会计分录如下。

借: 主营业务收入

　　贷: 本年利润

2. 主营业务成本核算

工业企业的主营业务成本主要是指已销售商品的实际生产成本。其计算公式为

商品销售成本＝商品销售数量×单位生产成本

企业在销售商品以后应结转商品销售的实际成本，借记"主要业务成本"账户，贷记"库存商品"账户。

【例3.20】企业结转本月已销售A产品1 100件的实际成本(单位生产成本150元)165 000元。

分析：该项业务的发生，一方面使企业的商品销售成本增加，应记入"主营业务成本"账户的借方，另一方面使企业的产成品减少，应记入"库存商品"账户的贷方。作会计分录如下。

借：主营业务成本——A产品　　　　　　　　　　　　　　　165 000
　　贷：库存商品——A产品　　　　　　　　　　　　　　　　　165 000

期末，企业应将"主营业务成本"账户的余额，结转"本年利润"账户，作会计分录如下。

借：本年利润
　　贷：主营业务成本

3. 销售费用核算

销售费用是指企业在销售商品过程中发生的运输费、装卸费、包装费、保险费、展览费、广告费，以及为本企业销售产品而专设的销售机构的职工工资、福利费、社会保险费、业务费等经营(销售)费用。

这些费用发生时，应借记"销售费用"等账户，贷记"银行存款"等账户。

【例3.21】企业以银行存款支付产品广告费8 000元，用现金支付销售产品的包装费600元。

分析：该项业务的发生，一方面使企业的销售费用增加，另一方面使企业的银行存款、现金减少。作会计分录如下。

借：销售费用——广告费　　　　　　　　　　　　　　　　　8 000
　　贷：银行存款　　　　　　　　　　　　　　　　　　　　　　8 000
借：销售费用——包装费　　　　　　　　　　　　　　　　　　600
　　贷：现金　　　　　　　　　　　　　　　　　　　　　　　　600

期末，企业应将"销售费用"账户的余额，转入"本年利润"账户。作会计分录如下。

借：本年利润
　　贷：销售费用

4. 营业税金及附加核算

企业销售产品实现了销售收入，就应向国家缴纳税金，如消费税、城建税及教育费附加等营业税金。企业当月应交的税金一般在下月初实际缴纳，在未交之前就形成企业的一项负债。月份终了，企业按规定计算出当月应由主营业务负担的税金时，应借记"营业税金及附加"账户，贷记"应交税费"等账户。

【例3.22】企业2020年5月应缴纳的增值税税额981 000元，月末按7%计提应缴纳的城市维护建设税68 670元。"城建税计算"见表3.12。

表 3.12　城建税计算

2020 年 5 月 31 日

项　目	计税金额	税率	金　额	说　明
城建税	981 000	7%	68 670	计税金额(基数)为本月应缴纳的增值税税额
合　计	981 000		￥68 670.00	

会计主管：　　　　　　　　　　审核：　　　　　　　　　　　　　制单：

分析：该项业务的发生，使企业的销售税金增加，应记入"营业税金及附加"账户的借方，应交税费也增加，作会计分录如下。

借：营业税金及附加　　　　　　　　　　　　　　　　　68 670
　　贷：应交税费——应交城建税　　　　　　　　　　　　　　68 670

期末，企业应将"营业税金及附加"账户的余额转入"本年利润"账户，作会计分录如下。

借：本年利润
　　贷：营业税金及附加

【例 3.23】假定企业 6 月 9 日，填写"税收缴款书"见表 3.13。

表 3.13　税收缴款书(付款通知)

填表日期：2020 年 6 月 9 日

缴款单位	全　称	××市红星工厂	预算科目	款	城建税
	账　号	158158		级　次	市地税局
	开户银行	工商银行红星支行		收缴国库	中央银行

税款所属时间 2020 年 5 月　日　　　　　　　　　　　　　　　　　　　　　税
款限缴日期 2020 年 6 月 10 日

项目	计税金额	税率	应缴税款	已缴税款	实缴税款
城建税	981 000	7%	68 670	0	68 670

金额合计(大写)陆万捌仟陆佰柒拾元整		￥68 670.00
上列款项已收妥并划转收款单位账户　　　会计　　　　记账　　　　复核		
国库(银行)盖章　　　　　　　　　　税务局盖章		

分析：以银行存款实际缴纳 5 月份应交的城建税 68 670 元，作会计分录如下。

借：应交税费——应交城建税　　　　　　　　　　　　　68 670
　　贷：银行存款　　　　　　　　　　　　　　　　　　　　68 670

第五节　其他业务核算

其他业务包括购买交易性金融资产，购买固定资产，发生长期待摊费用，销售材料，计提应收账款的坏账准备等业务。

一、购买和处置交易性金融资产核算

1. 账户设置

(1)"交易性金融资产"账户。交易性金融资产是指企业为了近期内出售而持有的金融资产，如企业购入的为交易目的所持有的债券和股票等，相当于企业的短期投资。"交易性金融资产"账户核算企业为交易目的所持有的债券投资和股票投资等，该账户是资产类账户，借方记增加，贷方记减少，余额在借方，反映企业持有的交易性金融资产的公允价值。

(2)"投资收益"账户。企业对外投资取得的收益或发生的损失以及处置交易性金融资产实现的投资收益或发生的投资损失在"投资收益"账户核算。"投资收益"账户，是损益类账户，贷方登记企业取得的投资收益，借方登记企业发生的投资损失，期末余额应转入"本年利润"账户。结转后该账户应无余额。

2. 核算示例

(1) 取得(购买)近期内准备出售而持有的债券和股票时，作会计分录如下。

借：交易性金融资产
　　贷：银行存款

(2) 出售短期持有的债券和股票，售价高于成本时，作会计分录如下。

借：银行存款
　　贷：交易性金融资产
　　　　投资收益

(3) 出售短期持有的债券和股票，售价低于成本时，作会计分录如下。

借：银行存款
　　投资收益
　　贷：交易性金融资产

注意：交易性金融资产出售时，售价高于成本的差额为投资收益，记入"投资收益"账户的贷方；售价低于成本的差额为投资损失，记入"投资收益"账户的借方。

【例3.24】某企业3月20日以银行存款购买股票50 000元，作为交易性金融资产。7月28日将该批股票全部出售，售价51 080元存入银行。要求作3月20日和7月28日的分录。

(1) 3月20日，购买股票时，作会计分录如下。

借：交易性金融资产　　　　　　　　　　　　　　　　50 000
　　贷：银行存款　　　　　　　　　　　　　　　　　　　　50 000

(2) 7月28日，出售股票时，作会计分录如下。

借：银行存款　　　　　　　　　　　　　　　　　　　51 080
　　贷：交易性金融资产　　　　　　　　　　　　　　　　　50 000
　　　　投资收益　　　　　　　　　　　　　　　　　　　　 1 080

二、购买固定资产核算

1. 账户设置

(1) "固定资产"账户，属于资产类账户，核算企业持有的固定资产原价，该账户借方记增加，贷方记减少，余额在借方。

(2) "在建工程"账户，属于资产类账户，核算企业基建和更新改造等在建工程发生的支出和购入需要安装的固定资产成本。该账户借方记增加，贷方记减少，余额在借方。

2. 核算示例

(1) 购入不需要安装的固定资产。企业购入不需要安装的固定资产，按应计入固定资产成本的金额(包括买价和运输费用等)，借记"固定资产"账户，贷记"银行存款"等账户，购入生产设备的进项税额可以抵扣。作会计分录如下。

借：固定资产、应交税费
　　贷：银行存款

(2) 购入需要安装的固定资产。企业购入需要安装的固定资产，应按购入固定资产的成本，先记入"在建工程"账户，购入生产设备的进项税额也可以抵扣，达到预定可使用状态时再转入"固定资产"账户。购入需要安装的固定资产时，作会计分录如下。

借：在建工程
　　贷：银行存款

以后固定资产安装完工，达到预定可使用状态时，作会计分录如下。

借：固定资产
　　贷：在建工程

【例3.25】某企业以银行存款购买A设备(不需要安装)，买价75 000元，运输和包装费用1 500元，增值税12 750元，设备已交付使用；购买B设备(需要安装)，买价42 000元，运输和包装费用1 100元，设备已交付安装。作会计分录如下。

借：固定资产——A设备　　　　　　　　　　　　　　76 500
　　应交税费——应交增值税(进项税额)　　　　　　　12 750
　　在建工程——B设备　　　　　　　　　　　　　　 43 100
　　贷：银行存款　　　　　　　　　　　　　　　　　　　132 350

三、发生长期待摊费用核算

1. 账户设置

企业发生的费用，有的在本期支付并应由本期负担；有的在本期支付但应由以后会计期间负担，如本年支付应由以后几年负担的某项费用，这就产生了长期待摊费用，为此需要设置"长期待摊费用"账户进行核算。

"长期待摊费用"账户，属于资产类账户，核算企业本期已经发生(支付)但应由本月和以后各期负担的分摊期限在 1 年以上的各种费用，如以经营租赁方式租入的固定资产发生的改良支出等。该账户借方登记发生(支付)的长期待摊费用，贷方登记分期摊销的长期待摊费用，期末借方余额反映企业尚未摊销完毕的长期待摊费用。(注：分摊期限在 1 年以内的费用，可以不作待摊费用处理，而是在发生时直接记入"管理费用"等账户)。

2. 核算示例

【例 3.26】企业本月对以经营租赁方式租入的一项固定资产(管理部门使用)进行改良，发生改良支出 120 000 元均以存款支付。从本月起分两年摊销，本月应负担 5 000 元。

发生改良支出时，作会计分录如下。

借：长期待摊费用 120 000

    贷：银行存款 120 000

摊销应由本月负担的长期待摊费用时，作会计分录如下。

借：管理费用 5 000

    贷：长期待摊费用 5 000

四、销售材料核算

企业销售商品取得的收入，属于主营业务收入。但企业销售材料取得的收入，不属于主营业务收入，而属于其他业务收入。

1. 账户设置

(1)"其他业务收入"账户，属于损益类账户(收入)，核算企业除主营业务活动以外的其他经营活动实现的收入，如销售材料取得的收入等。该账户贷方登记取得的其他业务收入，借方登记期末转入"本年利润"账户的数额，结转后该账户应无余额。

(2)"其他业务成本"账户，属于损益类账户(费用)，核算企业除主营业务活动以外的其他经营活动所发生的支出，如销售材料的成本等。该账户借方登记其他业务发生的成本支出，贷方登记期末转入"本年利润"账户的数额，结转后该账户应无余额。

2. 核算示例

【例 3.27】企业销售一批不适用的材料，售价 82 000 元，增值税 13 940 元，款项收到存入银行。作会计分录如下。

借：银行存款　　　　　　　　　　　　　　　　　　　　　　　95 940
　　贷：其他业务收入——材料销售　　　　　　　　　　　　　82 000
　　　　应交税费——应交增值税(销项税额)　　　　　　　　　13 940

企业结转销售材料的实际成本64 100元，作会计分录如下。

借：其他业务成本——材料销售　　　　　　　　　　　　　　64 100
　　贷：原材料——××材料　　　　　　　　　　　　　　　　64 100

期末，结转本期发生的其他业务收入和其他业务成本至本年利润时，作会计分录如下。

借：其他业务收入
　　贷：本年利润
借：本年利润
　　贷：其他业务成本

五、计提应收账款坏账准备核算

应收账款是指企业因销售商品、提供劳务等经营活动应向购货单位或接受劳务单位收取的款项。如果购货单位不支付款项，则销货单位就收不回应收账款。企业无法收回的应收账款称为坏账。年度终了，企业对应收账款可能发生的减值(可能收不回的金额)应确认减值损失，计提坏账准备。企业当期计提的坏账准备应当计入资产减值损失。

1. 账户设置

(1)"坏账准备"账户，属于资产类账户，又是"应收账款"等账户的备抵调整账户。"坏账准备"账户核算企业应收款项的坏账准备，贷方记增加，借方记减少，期末贷方余额反映企业已计提但尚未转销的坏账准备。期末用"应收账款"账户的借方余额减去"坏账准备"账户的贷方余额，其差额就是应收账款净额。

(2)"资产减值损失"账户，属于损益类账户(费用)，核算企业计提各项资产减值准备(如坏账准备)所形成的损失。借方登记企业计提资产减值准备形成的资产减值损失，贷方登记期末转入"本年利润"账户的数额，结转后该账户应无余额。

2. 核算示例

企业的应收账款发生减值，计提坏账准备时，应借记"资产减值损失"账户，贷记"坏账准备"等账户。作会计分录如下。

借：资产减值损失
　　贷：坏账准备

企业对于确实无法收回的应收账款，按管理权限报经批准后作为坏账，转销应收账款，借记"坏账准备"账户，贷记"应收账款"等账户。

【例3.28】某企业期末计提应收账款的坏账准备2 800元，作会计分录如下。

借: 资产减值损失　　　　　　　　　　　　　　　　2 800
　　贷: 坏账准备　　　　　　　　　　　　　　　　　　　　2 800

第六节　企业利润核算

一、利润的构成

利润包括收入减去费用后的净额、直接计入当期利润的利得和损失等。企业的利润有营业利润、利润总额和净利润。营业利润是企业利润的主要来源,是营业收入减去营业成本、营业税金及附加,再减去销售费用、管理费用和财务费用等后的金额。利润总额是指营业利润加上营业外收入,减去营业外支出后的金额。净利润是指利润总额减去所得税费用后的金额。各项利润计算公式如下。

(1) 计算营业利润。

营业利润＝营业收入－营业成本－营业税金及附加－销售费用－管理费用－
　　　　　财务费用－资产减值损失＋公允价值变动收益＋投资收益

其中:

营业收入＝主营业务收入＋其他业务收入
营业成本＝主营业务成本＋其他业务成本

(2) 计算利润总额。

利润总额＝营业利润＋营业外收入－营业外支出

(3) 计算净利润。

净利润＝利润总额－所得税费用

二、账户设置

为了正确核算和反映企业的利润形成情况,应设置"营业外收入""营业外支出""投资收益""资产减值损失""所得税费用"和"本年利润"等账户。

(1)"营业外收入"账户,核算企业发生的与其生产经营无直接关系的各项收入,包括处置固定资产净收益、捐赠利得、罚款净收入等,贷方登记企业取得的营业外收入;借方登记期末转入"本年利润"账户的数额;结转后该账户应无余额。

(2)"营业外支出"账户,核算企业发生的与其生产经营无直接关系的各项支出,如固定资产盘亏、处置固定资产净损失、非常损失、罚款支出、捐赠支出等,借方登记企业发生的营业外支出,贷方登记期末转入"本年利润"账户的数额,结转后该账户应无余额。

(3)"所得税费用"账户，核算企业按规定从当期利润总额中扣除的所得税费用，借方登记企业当期按税法规定计算的应交所得税，贷方登记期末转入"本年利润"账户的数额，结转后该账户应无余额。

以上3个账户都属于损益类账户，期末余额都应结转到"本年利润"账户。"投资收益"账户和"资产减值损失"账户，前面已作介绍。另外，"公允价值变动损益"属于损益类账户，核算企业交易性金融资产等公允价值变动形成的应计入当期损益的利得或损失。该账户贷方登记公允价值高于账面余额的差额，借方登记公允价值低于账面余额的差额，本处从略。

(4)"本年利润"账户，属于所有者权益类账户，核算企业在本年度实现的净利润(或发生的净亏损)，该账户贷方登记期末从各收入账户转来的收入数，借方登记从各支出、费用账户转来的数额，期末贷方余额表示当期(当年累计)实现的净利润，如为借方余额则表示当期发生的净亏损。年度终了，企业应将"本年利润"账户的年末余额(本年收入和支出相抵后结出的本年实现的净利润)结转到"利润分配"账户，结转后"本年利润"账户应无余额。

注意：企业期末应结转到"本年利润"账户的收入类账户主要有主营业务收入、其他业务收入、投资收益、营业外收入。期末应结转到"本年利润"账户的费用类账户主要有主营业务成本、其他业务成本、营业税金及附加、销售费用、管理费用、财务费用、资产减值损失、营业外支出、所得税费用。

三、利润核算

1. 企业所得税核算

利润是企业在一定会计期间的经营成果，企业实现的利润应当依法缴纳所得税。所得税的计税依据为应纳税所得额。其计算公式为

$$应纳税所得额＝利润总额＋纳税调整增加额－纳税调整减少额$$
$$应交所得税额＝应纳税所得额×所得税税率$$

上式中利润总额即税前会计利润，纳税调整增加额主要包括税法规定允许扣除项目中，企业已计入当期费用但超过税法规定扣除标准的金额，以及企业已计入当期费用但税法规定不允许扣除项目的金额(如税收滞纳金、罚款、罚金等)。

纳税调整减少额主要包括按税法规定允许弥补的亏损和准予免税的项目，如前5年内的未弥补亏损和国债利息收入等。

【例3.29】企业本年5月按会计制度计算的利润总额为281 000元，没有纳税调整数额，所得税税率为25%，企业填写"企业所得税计算"见表3.14。其所得税的计算和会计处理如下。

表 3.14　企业所得税计算

2020 年 5 月 31 日

项　　　目	金　　额	备　　注
利润总额	281 000	
应纳税所得额	281 000	本题只计算 5 月份应交的企业所得税。假定本月利润总额即为应纳税所得额
税率(25%)		
应纳所得税额	70 250	
已预交所得税额	0	
应补交的所得税额	70 250	

会计：　　　　　　　复核：　　　　　　　制单：

(1) 计提应交所得税 70 250(即 281 000×25%)。作会计分录如下。

借：所得税费用　　　　　　　　　　　　　　　　　　　　70 250

　　贷：应交税费——应交所得税　　　　　　　　　　　　　　70 250

(2) 以存款实际缴纳所得税，作会计分录如下。

借：应交税费——应交所得税　　　　　　　　　　　　　　70 250

　　贷：银行存款　　　　　　　　　　　　　　　　　　　　70 250

(3) 期末，将"所得税费用"账户余额转入"本年利润"账户。作会计分录如下。

借：本年利润　　　　　　　　　　　　　　　　　　　　　70 250

　　贷：所得税费用　　　　　　　　　　　　　　　　　　　70 250

2. 营业外收支核算

营业外收支是指企业发生的与其生产经营无直接关系的各项收入和支出。

【例 3.30】企业以存款支付税收滞纳金 23 000 元。作会计分录如下。

借：营业外支出——滞纳金支出　　　　　　　　　　　　　23 000

　　贷：银行存款　　　　　　　　　　　　　　　　　　　　23 000

【例 3.31】企业取得罚款收入 58 000 元，存入银行。作会计分录如下。

借：银行存款　　　　　　　　　　　　　　　　　　　　　58 000

　　贷：营业外收入——罚款收入　　　　　　　　　　　　　58 000

3. 损益账户结转"本年利润"账户核算

【例 3.32】企业 2020 年年度结账前，各损益类账户 12 月末余额如下所示。

主营业务收入 550 000 元、主营业务成本 220 000 元、营业税金及附加 110 000 元、销售费用 120 000 元、管理费用 27 500 元、财务费用 16 500 元、其他业务收入 44 000 元、其他业务成本 25 000 元、投资收益 22 000 元(贷方)、营业外收入 11 000 元、营业外支出 15 000 元。若企业所得税税率为 25%，没有纳税调整因素，则企业的营业利润、利润总额、应交所得税、净利润及相关的会计分录为：

营业收入 = 550 000 + 44 000=594 000(元)

营业成本 = 220 000 + 25 000 =245 000(元)

营业利润 = 594 000 - 245 000 - 110 000 - 120 000 - 27 500 - 16 500 + 22 000 = 97 000(元)

利润总额 = 97 000 + 11 000 - 15 000 = 93 000(元)

应交所得税 = 93 000 × 25% = 23 250(元)

净利润 = 93 000 - 23 250 = 69 750(元)

(1) 计提应交所得税时，作会计分录如下。

借：所得税费用　　　　　　　　　　　　　　　　　　　　23 250

　　贷：应交税费——应交所得税　　　　　　　　　　　　　　　　23 250

(2) 将各损益账户余额结转"本年利润"时，作会计分录如下。

借：主营业务收入　　　　　　　　　　　　　　　　　　　550 000

　　其他业务收入　　　　　　　　　　　　　　　　　　　 44 000

　　投资收益　　　　　　　　　　　　　　　　　　　　　 22 000

　　营业外收入　　　　　　　　　　　　　　　　　　　　 11 000

　　贷：本年利润　　　　　　627 000(各项收入结转本年利润之和)

(3) 将各损益账户中各费用账户余额结转"本年利润"时，作会计分录如下。

借：本年利润　　　　　557 250(各项费用结转本年利润之和)

　　贷：主营业务成本　　　　　　　　　　　　　　　　　　220 000

　　　　营业税金及附加　　　　　　　　　　　　　　　　　110 000

　　　　销售费用　　　　　　　　　　　　　　　　　　　　120 000

　　　　管理费用　　　　　　　　　　　　　　　　　　　　 27 500

　　　　财务费用　　　　　　　　　　　　　　　　　　　　 16 500

　　　　其他业务成本　　　　　　　　　　　　　　　　　　 25 000

　　　　营业外支出　　　　　　　　　　　　　　　　　　　 15 000

　　　　所得税费用　　　　　　　　　　　　　　　　　　　 23 250

经过上述结转后，各损益类账户已无余额，"本年利润"账户贷方发生额合计627 000元减去借方发生额合计557 250元后的余额69 750元，即为"本年利润"账户余额，表示企业当期实现的净利润。

4. 利润分配核算

(1) 利润分配的顺序。利润分配是指企业根据国家有关规定和企业章程、投资者协议等，对企业当年可供分配的利润所进行的分配。利润分配顺序为：提取法定盈余公积；提取任意盈余公积；向投资者分配利润。经过分配之后剩余的利润，属于未分配利润，是企业留待以后年度进行分配的历年结存的利润。

(2) 账户设置。为了反映企业利润分配和历年分配后利润留存数，企业应设置"利润分配""盈余公积"和"应付股利"等账户。

① "利润分配"账户，属于所有者权益类账户，核算企业利润的分配和历年分配后的余额，其借方登记企业提取盈余公积、应付股利等利润分配数额，贷方登记年终转入的本年净利润，年末贷方余额反映企业历年积存的未分配利润，如为借方余额则反映企

业历年积存的未弥补亏损。"利润分配"账户一般应设置"提取法定盈余公积""提取任意盈余公积""应付现金股利或利润"和"未分配利润"等明细账户。其中,"提取法定盈余公积"和"提取任意盈余公积"明细账户,核算企业按规定从净利润中提取的盈余公积,提取时记入本明细账户的借方。"应付现金股利或利润"明细账户,核算企业应当分配给股东的现金股利或分配给投资者的利润,分配时记入本明细账户的借方。"未分配利润"明细账户,核算企业本年转入的净利润(或净亏损)以及历年分配后的结存利润。年度终了,企业应将当年实现的净利润,从"本年利润"账户结转到"利润分配——未分配利润"账户,同时将"利润分配"账户下的其他明细账户余额转入本明细账户,其他明细账户应无余额,本明细账户的余额应等于"利润分配"总账余额。

②"盈余公积"账户,属于所有者权益类账户,核算企业从净利润中提取的盈余公积,贷方记增加数,借方记减少数,期末贷方余额反映企业提取的盈余公积余额。

③"应付股利"账户,属于负债类账户,核算企业应分配(支付)给股东的现金股利或投资者的利润,贷方记应付股利数,借方记实际支付数,期末贷方余额反映企业应付未付的现金股利或利润。

(3) 利润分配核算示例。

【例3.33】企业本年实现净利润69 750元,按净利润10%提取法定盈余公积,应分配给股东的现金股利13 000元。

(1) 结转本年净利润(即将"本年利润"余额转入"利润分配"账户),作会计分录如下。

借: 本年利润　　　　　　　　　　　　　　　　　　　　　　69 750
　　贷: 利润分配——未分配利润　　　　　　　　　　　　　　　　69 750

(2) 提取法定盈余公积,填写"提取法定盈余公积计算"(见表3.15)。

表3.15　提取法定盈余公积计算
2020年12月31日

项　　目	金　　额	备　　注
利润总额	93 000	假定本题只计算应计提的法定盈余公积,按本期净利润的10%计算
所得税	23 250	
本期净利润	69 750	
提取比率(10%)		
应提取法定盈余公积	6 975	

会计:　　　　　　　　　　复核:　　　　　　　　　　制单:

提取法定盈余公积,作会计分录如下。

借: 利润分配——提取法定盈余公积　　　　　6975(69 750 × 10%)
　　贷: 盈余公积　　　　　　　　　　　　　　　　　　　　　6 975

(3) 分配应付现金股利或利润,作会计分录如下。

借: 利润分配——应付现金股利或利润　　　　　　　　　　　13 000
　　贷: 应付股利——××投资者　　　　　　　　　　　　　　　　13 000

(4) 结转利润分配账户中的其他明细账户，作会计分录如下。

借：利润分配——未分配利润   19 975

    贷：利润分配——提取法定盈余公积   6 975

          ——应付现金股利或利润   13 000

年末"利润分配"总账余额 49 775 元，等于"利润分配–未分配利润"明细账户的余额，表示企业尚未分配的利润。

【课后练习】

一、单选题

1. 一般纳税企业购买材料时支付的增值税进项税额，应记入( )账户的借方。

  A. 在途物资   B. 应交税费   C. 管理费用   D. 营业税金及附加

2. 企业向银行借入的两年期借款，应记入( )账户的贷方。

  A. 短期借款   B. 长期借款   C. 应付债券   D. 银行存款

3. 企业支付的购入材料的运杂费，在( )账户核算。

  A. 管理费用   B. 固定资产   C. 应收账款   D. 在途物资

4. "应付账款"账户应按( )设置明细账户。

  A. 供货单位名称   B. 购货单位名称

  C. 购入材料名称   D. 采购员名称

5. 以银行存款偿还前欠某工厂货款，应记入( )账户的借方。

  A. 应收账款   B. 应付账款   C. 预付账款   D. 短期借款

6. "生产成本"账户的期末借方余额表示( )成本。

  A. 入库材料   B. 已经完工的产成品

  C. 尚未完工的在产品   D. 库存商品

7. "制造费用"账户的期末余额，应结转到( )账户。

  A. 管理费用   B. 生产成本   C. 本年利润   D. 固定资产

8. "本年利润"账户的期末贷方余额，反映企业当年累计实现的( )。

  A. 净利润   B. 净亏损   C. 营业利润   D. 未分配利润

9. "应收账款"账户期末借方余额，反映企业( )的应收款项。

  A. 尚未支付   B. 尚未收回   C. 已经收回   D. 不需收回

10. 企业按净利润提取盈余公积时，应借记( )账户。

  A. 生产成本   B. 本年利润   C. 利润分配   D. 盈余公积

11. 预提应由本月负担但尚未支付的短期借款利息时，应记入( )账户的借方。

  A. 管理费用   B. 财务费用   C. 应付利息   D. 其他应收款

12. 计提本月固定资产折旧时，应贷记( )账户。

  A. 制造费用   B. 管理费用   C. 固定资产   D. 累计折旧

13. "应收账款"账户应按( )设置明细账户进行明细分类核算。

A. 购货单位　　　　B. 供货单位　　　　C. 售出产品　　　　D. 费用项目

14. "主营业务成本"账户的期末余额，应结转到(　　)账户。

A. 主营业务收入　　B. 本年利润　　　　C. 利润分配　　　　D. 生产成本

15. 企业预借给职工出差的差旅费时，应借记(　　)账户。

A. 应收账款　　　　B. 预付账款　　　　C. 其他应收款　　　D. 管理费用

16. 下列会计科目属于损益类的是(　　)。

A. 坏账准备　　　　　　　　　　　　B. 资产减值损失

C. 在建工程　　　　　　　　　　　　D. 长期待摊费用

17. 出售交易性金额资产，售价高于成本的差额在(　　)账户核算。

A. 其他业务收入　　　　　　　　　　B. 资产减值损失

C. 投资损益　　　　　　　　　　　　D. 营业外收入

18. 出售交易性金额资产，售价低于成本的差额在(　　)账户核算。

A. 财务费用　　　　　　　　　　　　B. 资产减值损失

C. 投资损益　　　　　　　　　　　　D. 营业外支出

19. 出售材料，取得的收入在(　　)账户核算。

A. 主营业务收入　　　　　　　　　　B. 其他业务收入

C. 投资损益　　　　　　　　　　　　D. 营业外收入

二、多选题

1. 下列账户属于损益类账户的有(　　)。

A. 主营业务成本　　　　　　　　　　B. 所得税费用

C. 营业税金及附加　　　　　　　　　D. 制造费用

2. 下列账户属于所有者权益类账户的有(　　)。

A. 实收资本　　　　　　　　　　　　B. 盈余公积

C. 本年利润　　　　　　　　　　　　D. 利润分配

3. 生产费用按经济用途划分，可分为(　　)成本项目。

A. 直接材料　　　　　　　　　　　　B. 直接人工

C. 制造费用　　　　　　　　　　　　D. 财务费用

4. 制造费用的分配标准有(　　)。

A. 生产工人工时　　　　　　　　　　B. 生产工人工资

C. 材料买价　　　　　　　　　　　　D. 材料重量

5. 下列账户的期末余额在贷方的有(　　)。

A. 累计折旧　　　B. 长期借款　　　C. 实收资本　　　D. 预收账款

6. "本年利润"账户的期末余额，可能表示(　　)。

A. 利润净额　　　　　　　　　　　　B. 净亏损

C. 未支付的利润　　　　　　　　　　D. 未分配的利润

7. 在计算营业利润时，应从营业收入中减去(　　)。

A. 营业成本　　　　　　　　　　　　B. 生产成本

C. 销售费用　　　　　　　　　　　　D. 营业外支出

8. "营业税金及附加"账户核算的税金有( )。

    A. 增值税   B. 城建税

    C. 所得税   D. 消费税

9. 下列账户的期末余额，应结转到"本年利润"账户的有( )。

    A. 营业外收入   B. 营业外支出

    C. 管理费用   D. 长期待摊费用

10. 下列账户的期末余额，应结转到"本年利润"账户的有( )。

    A. 营业外支出   B. 其他业务收入

    C. 投资收益   D. 坏账准备

11. 下列账户属于资产类账户的有( )。

    A. 交易性金额资产   B. 在建工程

    C. 盈余公积   D. 其他业务成本

12. 下列账户的贷方记增加、借方记减少的有( )。

    A. 累计折旧   B. 坏账准备

    C. 实收资本   D. 本年利润

三、填空题

1. 企业实际收到投资人投入的资本(机器设备)时，应借记_____账户，贷记_____账户。

2. "在途物资"账户是用来核算企业外购材料的_____和_____，计算确定_____的账户。

3. 生产产品领用材料，应作借记_____账户，贷记_____账户的会计分录。

4. "生产成本"账户的期末借方余额，表示尚未完工的_____成本。

5. "累计折旧"账户核算固定资产_____的价值，贷方登记_____。

6. 计提企业管理部门固定资产折旧时，应借记_____账户，贷记_____账户。

7. 月末计算分配本月应付车间管理人员工资时，应借记_____账户，贷记_____账户。

8. 将本月的制造费用总额分配转入产品的生产成本时，应借记_____账户，贷记_____账户。

9. 企业的营业收入包括_____和_____，营业成本包括_____和_____。

10. 企业缴纳所得税以后的剩余利润称为_____，也叫_____。

11. "本年利润"账户的贷方余额表示_____，如为借方余额则表示_____。

12. "利润分配"账户的年末贷方余额表示历年积存的_____。如为借方余额则表示_____。

13. 期末将本期发生的主营业务收入结转本年利润时，应借记_____账户，贷记_____账户。

14. 按税后利润计算提取盈余公积时，应借记_____账户，贷记_____账户。

15. 期末计提应收账款的坏账准备时，应借记_____账户，贷记_____账户。

16. 结转已销售材料的实际成本时，应借记_____账户，贷记_____账户。

四、判断题

1. "预付账款"和"预收账款"账户都属资产类账户。（　）

2. 企业向银行借入的资金，在"实收资本"账户核算。（　）

3. "短期借款"账户的期末贷方余额，反映企业已经归还的短期借款数额。（　）

4. 材料的采购费用如果专为采购某一种材料而发生的，可以直接计入该种材料的采购成本。（　）

5. 企业预付给借款人的差旅费，通过"预付账款"账户核算。（　）

6. 固定资产由于生产使用而逐渐损耗的价值，称为固定资产折旧。（　）

7. 营业利润等于营业收入减去营业成本后的余额。（　）

8. 企业按利润总额计算公式计算出的结果，如为负数，则为亏损总额。（　）

9. 10月31日"本年利润"账户的贷方余额，表示10月份实现的利润总额。（　）

10. 在缴纳增值税的企业，"应交税费——应交增值税"账户的借方记录企业采购材料时向供货单位支付的进项税额，贷方记录企业销售商品时向购货单位收取的销项税额。（　）

11. 会计上所讲的"结转"，一般是指将某账户的本月发生额转入另一账户。（　）

12. "本年利润"账户的年末余额，应结转到"实收资本"账户。（　）

13. 企业按照规定计算出的应付给投资者的利润，在"应付职工薪酬"账户核算。（　）

14. 企业以银行存款缴纳应交税金，引起资产和负债同时减少。（　）

15. "本年利润"和"利润分配"账户的年末余额，可能在借方，也可能在贷方。（　）

五、会计分录题

(一) 练习供应过程核算。要求作出下列经济业务的会计分录。

1. 收到投资者投入资本98 000元现金，款项存入银行。

2. 从银行借入1年期借款85 000元，年利率6%，款项存入银行。

3. 一项半年期借款到期，归还借款的本金80 000元，并支付利息2 400元(原未预提)。

4. 从银行借入两年期借款300 000元，年利率7%，款项存入银行。

5. 从A工厂购入甲、乙两种材料，甲材料60吨，单价4 000元，乙材料40吨，单价5 000元，两种材料的增值税74 800元，材料已验收入库，款项已采用转账支票结算支付。

6. 从B工厂购入甲材料，价款93 000元，运杂费1 800元，增值税15 810元，材料尚未验收入库，款项用存款支付。

7. 从B工厂购入的已支付了货款的甲材料验收入库，成本为94 800元。

8. 按购货合同规定以存款35 100元，预付给C工厂，用以订购丙材料。

9. 收到C工厂发来的丙材料并验收入库，材料价款30 000元，增值税5 100元，款项原已预付。

10. 从 D 工厂购买丁材料，价款 52 000 元，运杂费 810 元，增值税 8 840 元，货款通过银行支付 50 000 元，其余尚未支付，材料验收入库。

11. 以银行存款 11 650 元实际支付前欠 D 工厂货款。

12. 企业 5 月 24 日从 E 工厂购买丙材料，价款 43 000 元，运杂费 750 元，增值税 7310 元。要求分别对下列 4 种情况作不同日期分录。

(1) 5 月 24 日，货款通过银行支付，同日材料验收入库。

(2) 5 月 24 日，货款通过银行支付，材料在 5 月 30 日验收入库。

(3) 5 月 24 日，材料验收入库，货款 5 月 31 日通过银行支付。

(4) 5 月 24 日，按合同预付账款 45 000 元，6 月 2 日收到材料，差额以存款结算。

13. 购入 A 材料，买价 52 000 元，增值税 8 840 元，款项以存款支付，材料未到。

14. 以现金支付上项 A 材料的运杂费 420 元。

15. 上述 A 材料验收入库，结转其实际采购成本 52 420 元。

16. 购入 B 材料，买价 31 000 元，增值税 5 270 元，运费 340 元，材料已入库，款项尚未支付。

17. 生产甲产品，领用 A 材料 46 350 元。另发出 B 材料 8 000 元，用于企业管理部门一般消耗。

(二) 练习生产过程核算。要求作出下列经济业务的会计分录。

1. 企业本月发出材料汇总表如表 3.16 所示，要求计算合计数并填表，作本月发出材料的分录。

表 3.16　发出材料汇总

单位：元

材料用途	甲　材　料			乙　材　料			丙　材　料			合计金额
	数量	单价	金额	数量	单价	金额	数量	单价	金额	
生产 A 产品	4 000	8	32 000				500	6	3 000	
生产 B 产品				3 000	7	21 000	80	6	4 800	
车间一般消耗	200	8	1 600	60	7	420				
管理部门耗用				50	7	350				
合　计										

2. 企业分配本月职工工资总额 82 000 元。应付职工工资分配表如表 3.17 所示，并以现金支付。

表 3.17 应付职工工资分配

单位：元

项　　目	基本工资	津贴补贴	奖　　金	工资总额	备　　注
生产工人工资					
（A 产品）	29 000	1 600	3 400	34 000	
（B 产品）	25 000	1 000	3 000	29 000	
车间管理人员工资	3 000	600	1 400	5 000	
行政管理人员工资	10 000	1 600	2 400	14 000	
合　　计	67 000	4 800	10 200	82 000	

3. 按上题工资总额的 8% 计提社会保险费（职工基本养老保险费）6 560 元。填写职工养老保险费计算（见表 3.18），并作计提分录。

表 3.18 职工养老保险费计算

项　　目	工资总额	计提比例 8%	计提金额	备　　注
基本生产工人				企业职工基本养老保险费按工资总额的 8% 计提，应交给有关社会保险机构
（A 产品）				
（B 产品）				
车间管理人员				
行政管理人员				
合　　计				

4. 月末计提本月车间使用的固定资产折旧 5 280 元，厂部使用的固定资产折旧 4 270 元。

5. 预提应由本月负担但本月尚未支付的短期借款利息 5 300 元。

6. 以现金支付总务科报销企业管理部门办公用品费 520 元，

7. 5 月 8 日以现金预借厂长陈红出差的差旅费 1 200 元，5 月 13 日报销陈红差旅费 1 200 元（其中往返车费 420 元，出差 5 天每天补贴 20 元，住宿 4 晚每晚 100 元，其他费用如会务费等 280 元）。

8. 如果厂长陈红出差归来，实际报销其差旅费 900 元，收回现金 300 元，结清原借支款 1200 元。

9. 5 月 16 日以现金预借会计高燕出差的差旅费 1 000 元，5 月 21 日报销陈燕差旅费 1 100 元，补付现金 100 元。

10. 月末，企业将本月发生的制造费用总额 72 370 元，全部结转到"生产成本"账户。

11. 月末，企业计算并结转已完工入库 A 产品的实际生产成本 318 170 元。

12. 分配结转本月应付生产 A 产品的工人工资 27 600 元和车间管理人员工资 3 280 元。

13. 计提生产 A 产品工人社会保险费 2 208 元，车间管理人员社会保险费 263 元。

14. 以存款支付车间水电费 3 567 元，企业管理部门(厂部)水电费 5 296 元。

15. 以现金支付本月应付职工工资 45 700 元。

16. 以现金支付车间办公用品费 390 元，支付厂部办公用品费 580 元

17. 结转本月已售出产品的实际生产成本 95 000 元。

(三) 练习销售过程核算。要求作出下列经济业务的会计分录。

1. 企业(××市光明工厂)向新华商场销售 B 产品 800 件，每件售价 120 元，增值税 16 320 元，已开出"增值税专用发票"如表 3.19 所示，款项全部收到存入银行。要求填写增值税专用发票并作分录。

表 3.19 湖南省增值税专用发票

发 票 联

开票日期：2020 年 5 月 25 日

购货单位	名称	新华商场		纳税人登记号		400678		
	地址电话	芙蓉中路 158 号		开户行及账号		建设银行东塘支行		
货物或应税劳务名称	规格型号	计量单位	数量	单价	金额	税率	税额	
B 产品	20×50	件				17%		
合　计								
价税合计(大写)							(小写)¥	
销货单位	名称	××市光明工厂		纳税人登记号		405789		
	地址电话	芙蓉南路 628 号		开户行及账号		工商银行中山支行		

2. 企业向华天公司销售一批 C 商品，售价 31 000 元，增值税 5 270 元，商品已发出，款项尚未收到。

3. 企业与永华公司签订销货合同，采用预收货款方式销售 D 产品，售价 22 000 元，增值税 3 740 元，款项 25 740 元已预收存入银行。D 商品一个月后再发出。具体为：收到永华公司预付的货款；向永华公司发出商品，确认收入并冲销预收账款。

4. 企业结转本月已销售 B 商 800 件的实际成本(单位生产成本 90 元)72 000 元。

5. 企业以银行存款支付产品广告费 9 600 元，用现金支付销售产品的包装费 520 元。

6. 企业本月应缴纳的增值税税额 75 100 元，月末按 7%计提应缴纳的城建税 5 257 元。

7. 以银行存款实际缴纳本月份应交的城建税 5 257 元。

(四) 练习其他业务核算。要求作出下列经济业务的会计分录。

1. 某企业 5 月 22 日以银行存款购买股票 68 000 元，作为交易性金融资产。8 月 28 日将该批股票全部出售，售价 69 580 元存入银行。要求作 5 月 22 日和 8 月 28 日的会计

分录。

2. 某企业以银行存款购买 A 设备(不需要安装)，买价 86 000 元，运输和包装费用 2 300 元，设备已交付使用；购买 B 设备(需要安装)，买价 53 000 元，运输和包装费用 1 700 元，设备已交付安装。

3. 企业本月对以经营租赁方式租入的一项固定资产(管理部门使用)进行改良，发生改良支出 90 000 元均以存款支付。从本月起分两年摊销，本月应负担 3 750 元。要求作发生改良支出和摊销应由本月负担的长期待摊费用的会计分录。

4. 企业销售一批不适用的材料，售价 73 000 元，增值税 12 410 元，款项收到存入银行。

5. 企业结转销售材料的实际成本 58 600 元。

6. 企业期末计提应收账款的坏账准备 3 100 元。

7. 企业应收 A 工厂的货款 2 300 元，因 A 工厂撤销无法收回，报经批准冲销提取的坏账准备金。

8. 企业应付给 B 工厂的货款 1 700 元，因 B 工厂已破产解散确实无法支付，经批准转作营业外收入。

(五) 练习利润形成和分配核算。要求作出下列经济业务的会计分录。

1. 企业本年 10 月按会计制度计算的利润总额为 372 000 元，没有纳税调整数额，所得税税率 25%，作相关的会计分录：计提本月应交所得税；以存款实际缴纳所得税；期末将"所得税费用"账户余额转入"本年利润"账户。

2. 企业以存款支付税收滞纳金 700 元。

3. 企业取得罚款收入 1 800 元，存入银行。

4. 企业 10 月结转前，各损益类账户余额如下。

主营业务收入 450 000 元、主营业务成本 150 000 元、营业税金及附加 6 000 元、销售费用 50 000 元、管理费用 37 500 元、财务费用 7 500 元、其他业务收入 14 000 元、其他业务成本 11 000 元、投资收益 3 000 元(贷方)、营业外收入 8000 元，营业外支出 4 700 元。企业所得税税率为 25%，没有纳税调整因素。计算企业的营业利润、利润总额、应交所得税、净利润，并作相关的会计分录：计提应交所得税；将各损益账户余额结转"本年利润"。

5. 企业本年实现净利润 58 150 元，按净利润 10%提取法定盈余公积金，应分配给股东的现金股利 11 000 元。要求作相关的会计分录：结转本年净利润(即将本年利润余额转入利润分配账户)；提取法定盈余公积；分配应付现金股利或利润。

(六) 综合练习企业基本经济业务核算。

某企业 2020 年 12 月发生下列经济业务，要求据此编制会计分录(记账凭证)。

1. 8 日，收到国家投入资金 200 000 元，存入银行。

2. 9 日，从银行借入 1 年期借款 50 000 元，存入银行。

3. 10 日，以存款支付短期借款的利息 4 800 元(原未预提)。

4. 12 日，购入 A 材料，买价 86 000 元，增值税 14 620 元，款项以存款支付，材料未到。

5. 13 日，以现金支付 A 材料的运杂费 690 元。

6. 14 日，上述 A 材料验收入库，结转其实际采购成本 86 690 元。

7. 16 日，购入 B 材料，买价 31 000 元，增值税 5270 元，运费 340 元，材料已入库，款项未付。

8. 16 日，以存款支付应付账款 36 500 元，以存款缴纳应交税费 48 600 元。

9. 18 日，生产甲产品，领用 A 材料 52 380 元。

10. 20 日，发出 B 材料 7 910 元，用于车间一般消耗。

11. 22 日，分配结转应付生产 A 产品的工人工资 16 500 元和车间管理人员工资 2 180 元。

12. 23 日，计提生产 A 产品工人社会保险费 2 310 元，车间管理人员社会保险费 3 052 元。

13. 23 日，计提固定资产折旧，车间折旧费 5 780 元，厂部折旧费 3 210 元。

14. 24 日，以存款支付管理费用 6 190 元，支付销售费用 28 100 元。

15. 25 日，预提本月应负担，但尚未支付的短期借款利息 5760 元。

16. 26 日，以存款支付车间水电费 4 950 元，厂部水电费 5 030 元。

17. 27 日，以现金支付本月应付职工工资 32 700 元。

18. 28 日，销售甲产品，售价 90 000 元，增值税 15 300 元，产品已发出，款项收到存入银行。

19. 29 日，销售乙产品，售价 85 000 元，增值税 14 450 元，产品已发出，款项尚未收到。

20. 30 日，将本月发生的制造费用 98 600 元，结转产品生产成本。

21. 30 日，结转本有完工入库产成品的实际生产成本 367 500 元。

22. 30 日，结转本月已售出产品的实际生产成本 135 000 元。

23. 30 日，结转本月主营业务应缴纳的消费税 34 000 元和城建税 2 380 元。

24. 30 日，以现金支付厂部办公用品费 180 元，以存款支付销售产品的广告费 9800 元。

25. 30 日，以现金支付销售商品发生的运杂费 310 元，包装费 120 元。

26. 31 日，将主营业务收入 368 000 元和主营业务成本 135 000 元，结转到"本年利润"账户。

27. 31 日，将管理费用 73 200 元和销售费用 64 150 元，结转到"本年利润"账户。

28. 31 日，计提本月应缴纳的所得税 18 300 元，并用存款实际缴纳所得税 18 300 元。

29. 31 日，将"本年利润"账户的贷方余额 45 900 元，结转到"利润分配"账户。

30. 31 日，根据净利润，提取法定盈余公积金 4 590 元。

(七) 计算分录题

1. 企业购入甲材料 800 千克，单价 12 元，乙材料 700 千克，单价 14 元。增值税 3 298 元，运杂费 900 元(其中甲材料负担 480 元，乙材料负担 420 元)。材料验收入库，款项以存款支付。

要求：分别对下列两种情况作购入材料的分录：

(1) 付款与收料，同时(11 月 20 日)办理；

(2) 11 月 20 日付款(材料未到)，11 月 28 日收料。

2. 企业本月生产 A、B 两种产品，均已生产完工验收入库(没有在产品)，共发生制造费用 42 000 元，已分配计入产品成本。有关资料见表 3.20。

表 3.20　企业有关资料

产品品种	产量	单位	生产工时	直接材料	直接人工	制造费用
A 产品	1 980	件	6 000	69 000	43 000	18 000
B 产品	1 700	件	8 000	72 000	48 000	24 000
合　计			14 000	141 000	91 000	42 000

要求：

(1) 计算 A、B 产品的生产成本(生产成本＝直接材料＋直接人工＋制造费用)；

(2) 作月末分配制造费用和结转完工产品成本的会计分录。

3. 企业本月生产完工入库 A 产品 2 980 件，单位成本 50 元。本月销售 A 产品 2 100 件，每件售价 75 元，售价金额 157 500 元，增值税 26 775 元，款项收到存入银行。

要求：

(1) 作结转完工入库产品成本的分录；

(2) 作销售产品和结转已销产品成本的分录。

4. 企业本月各损益账户发生额如下。主营业务收入 2 847 000 元，主营业务成本 2 401 000 元，销售费用 24 760 元，营业税金及附加 34 760 元，管理费用 103 000 元，财务费用 4 300 元，其他业务收入 46 470 元，其他业务成本 32 340 元，资产减值损失 1 000 元，投资收益 14 000 元(贷方)，营业外收入 14 800 元，营业外支出 8 460 元。

要求：

(1) 计算本月营业收入和营业成本，营业利润和利润总额；

(2) 按利润总额的 25%计提本月的应交所得税，并计算净利润；

(3) 编制将本月各损益账户发生额结转"本年利润"的分录。

第四章

成 本 计 算

【学习目标】

应　知	应　会
初步理解产品生产成本的计算和产品销售成本的计算方法。	(1) 掌握材料采购成本的计算方法。 (2) 能够编制有关费用分配表，登记产品生产成本明细账。 (3) 能制作有关成本计算业务的会计分录。

【学习导读】

　　大家有没有计算过每天或每学期自己要开支多少费用？成本计算就是对实际发生各种费用的信息进行处理。那么，首先要学会怎样进行成本计算，然后利用成本计算来节约成本资源，从而达到最好的效益。现在结合企业想想，材料采购的成本是由哪些项目构成的，是如何计算出来的？产品的生产成本该由哪些项目构成，又是如何计算出来的？产品销售后，又该如何计算销售成本呢？

第一节　材料采购成本计算

一、材料采购成本计算的概念

　　成本计算是指按照一定的成本计算对象，归集和分配企业在生产经营过程中发生的各种费用，并据以计算各种成本计算对象的总成本和单位成本的一种会计核算专门方法。材料采购成本的计算，是把企业在供应过程中因购买各种材料所支付的材料买价和所发生的各种采购费用，按材料的品种或规格分别进行归集，以计算出各种材料的实际采购总成本和单位成本。

材料的采购成本，包括购买价款、相关税费、运输费、装卸费、保险费，以及其他可归属于材料采购成本的费用。其中，材料的购买价款是指企业购入材料的发票账单上列明的价款，但不包括按规定可以抵扣的增值税额。相关税费是指企业购买材料发生的进口关税、消费税、资源税和不能抵扣的增值税进项税额，以及相应的教育费附加等应计入存货采购成本的税费。

企业从外部购入的材料，其采购成本包括买价、运杂费(包括运输费、装卸费、保险费、包装费、仓储费等)、运输途中的合理损耗、入库前的挑选整理费用以及按规入采购成本的税费和其他费用。

二、材料采购费用的归集

企业购买材料除支付材料的买价外，还要支付材料的采购费用，如运输费、包装费、装卸费、仓储费、入库前的挑选整理费等。这些费用分摊到各种材料中就形成了材料的采购成本。为简化核算，实际工作中对某些采购费用(如采购人员的差旅费、市内运杂费、专设采购机构的经费等)，不列入材料采购成本，而是直接作为管理费用列支。

在归集采购费用时，应注意区分直接计入费用与间接计入费用。凡能分清是为采购某种材料而支付的费用应直接计入该种材料的采购成本；凡不能分清的，如运输几种材料共同发生的运输费，则应采用合理的分配标准(如按材料的重量比例)，分别计入各种材料的采购成本。

三、材料采购费用的分配

材料的买价加上各种采购费用，就构成了材料的采购成本。材料的采购总成本除以购入材料的数量，就是购入材料的单位成本。

材料采购成本的计算公式为

某种材料的采购成本＝该材料的买价＋该材料应负担的采购费用

$$采购费用分配率＝\frac{采购费用总额}{购入材料的总重量}$$

某种材料应负担的采购费用＝该材料的重量×采购费用分配率

【例 4.1】企业 2020 年 4 月 8 日，从恒华公司购入甲、乙两种材料，甲材料 50 吨，单价 600 元，乙材料 100 吨，单价 700 元，增值税 17 000 元，购入两种材料的运杂费为 3 000 元。材料已验收入库，款项均以存款支付。

要求：

(1) 分别计算甲、乙材料的采购总成本和单位成本。

(2) 填写材料运费分配表(见表 4.1)和收料单(见表 4.2)。

(3) 编制购买材料的会计分录。

分析：甲、乙材料的采购总成本和单位成本计算公式为

$$采购费用分配率=\frac{3\,000}{50+100}=20\,(元/吨)$$

这表示每吨材料应分摊运费20元。

$$甲材料应负担的运杂费=50×20=1\,000(元)$$
$$乙材料应负担的运杂费=100×20=2\,000(元)$$

则

$$甲材料的采购总成本=30\,000+1\,000=31\,000(元)$$
$$甲材料单位成本=\frac{30\,000}{50}=600\,(元/吨)$$
$$乙材料的采购总成本=70\,000+2\,000=72\,000(元)$$
$$乙材料单位成本=\frac{72\,000}{100}=720\,(元/吨)$$

注意：材料的单位成本大于单价，因为单位成本中包括了运杂费因素。

表4.1　材料运费分配

2020年4月8日

材　　料	分配标准	分　配　率	分配金额	备　　注
甲材料	50 吨	20	1 000	按材料重量比例分配运杂费用
乙材料	100 吨	20	2 000	
合　　计	150	20	3 000	

表4.2　收料单

2020年4月8日

材料名称	规格	计量单位	数　量		实际价格				备　　注
			应收	实收	单价	发票金额	运杂费用	合计	
甲材料		吨	150	150	600	1 30 000	1 000	1 31 000	
乙材料		吨	100	100	700	1 70 000	2 000	1 72 000	
合　　计						100 000	3 000	103 000	

这项业务的发生，一方面使企业库存材料增加，应记入"原材料"账户的借方，另一方面使企业的银行存款减少，应记入"银行存款"账户的贷方。注意：购买材料支付的增值税进项税额不计入材料的采购成本，而应记入"应交税费——应交增值税"账户的借方。购买材料的会计分录为

借：原材料——甲材料　　　　　　　　　　　　　　　　31 000
　　　　　　——乙材料　　　　　　　　　　　　　　　72 000
　　应交税费——应交增值税　　　　　　　　　　　　17 000
　　贷：银行存款　　　　　　　　　　　　　　　　　　　120 000

第二节　产品生产成本计算

一、产品生产成本计算的概念

产品生产成本的计算是把企业在生产过程中所发生的各种生产费用，按产品的品种或规格分别进行归集，以计算出各种产品的实际生产总成本和单位成本。

产品成本计算的一般程序如下。首先确定成本计算对象(如某种产品)，即生产费用归属的对象，要计算各种产品的成本，那么产品品种就是成本计算对象。然后再按成本项目分配和归集生产费用。计入产品成本的生产费用，由于在生产过程中的用途不同，有的是直接用于产品生产，又称直接费用，如直接材料、生产工人工资；有的间接用于产品生产，又称间接费用，如制造费用。产品成本的计算是通过"生产成本"账户进行的。生产过程中发生的能直接计入各成本计算对象的生产费用，均应直接计入各个成本计算对象；各项生产费用经过归集和分配后，都已记入"生产成本"账户，据此可计算出各种完工产品的总成本和单位成本。

生产过程是工业企业生产经营过程的第二个阶段，生产过程的业务就是制造产品业务，产品的生产过程既是新产品的制造过程，又是生产耗费过程，生产过程的耗费包括生产资料中的劳动手段(如固定资产)和劳动对象(如原材料)的耗费以及劳动力(工资)等方面的耗费，这些耗费以货币表现，称为生产费用，生产费用最终都要归集、分配到各种产品中去，形成各种产品的成本。按产品品种归集生产费用时，生产费用可概括地分为3 类，即直接材料、直接人工、制造费用，也可以简称为料、工、费，它们构成企业的产品成本项目。

产品生产成本的计算公式为

$$产品生产成本＝直接材料＋直接人工＋制造费用$$

$$单位成本＝\frac{产品生产总成本}{产品的总数量}$$

【例4.2】某企业生产一种产品(如电视机)，售价2 800 元，成本2 030 元，那么产品的成本是由哪些项目构成的，是如何计算出来的，本节产品生产成本的计算就可以回答这些问题。假定生产这种产品，耗用原材料1 100 元，支付生产工人工资430 元，发生其他制造费用 500 元，则把这 3 个项目的金额相加就可以计算出产品的成本为 2 030 元。其中，生产产品耗用的原材料称为直接材料，生产工人工资称为直接人工。产品的成本就是由直接材料、直接人工和制造费用 3 个成本项目组成。

二、产品生产成本核算

企业制造产品业务发生的生产费用，应区分可以直接按产品归集的费用和不能按产品归集的费用两种情况。凡是只与一种产品生产有关的各项直接费用，如直接材料费用和直接人工费用等，应按产品进行归集，直接记入"生产成本"账户。凡是与两种或两种以上产品生产有关的直接费用，应按一定的标准分配后再记入"生产成本"账户。而与产品生产有关的各车间组织管理生产所发生的间接费用，应先通过"制造费用"账户进行归集，然后按一定的标准分配转入"生产成本"账户。

1. 材料费用核算

生产某种产品领用的材料，直接记入"生产成本"账户的借方，生产车间一般耗用的材料记入"制造费用"账户的借方，企业行政管理部门一般耗用的材料记入"管理费用"账户的借方，发出的各种材料记入"原材料"账户的贷方。

【例 4.3】企业本月领用(发出)的材料汇总，如表 4.3 所示。

表 4.3 领用材料汇总

项　　目	甲　材　料	乙　材　料	合　　计
生产产品领用	36 200	24 100	60 300
其中：A 产品	25 000	19 000	44 000
其中：B 产品	11 200	5 100	16 300
车间一般耗用		1 530	1 530
行政管理部门耗用		540	540
合　　计	36 200	26 170	62 370

分析：该项业务的发生，一方面使企业库存材料减少，应记入"原材料"账户的贷方，另一方面使企业的生产费用增加，其中直接用于生产产品的应记入"生产成本"账户的借方，车间和厂部一般耗用的材料应分别记入"制造费用"和"管理费用"账户的借方。

根据资料，编制会计分录为

借：生产成本——A 产品　　　　　　　　　　　　　　　44 000
　　　　　　——B 产品　　　　　　　　　　　　　　　16 300
　　制造费用　　　　　　　　　　　　　　　　　　　　 1 530
　　管理费用　　　　　　　　　　　　　　　　　　　　　 540

贷：原材料——甲材料	36 200
——乙材料	26 170

2. 工资费用和社会保险费核算

企业的制造业务除发生材料费用外，还会发生工资费用及社会保险费等，企业应设置"应付职工薪酬"账户，核算工资的分配和支付情况、核算社会保险费的提取和支付情况。"应付职工薪酬"账户，属于负债类账户，核算企业应付给职工的工资薪酬(包括工资、职工福利、社会保险费等)，贷方登记应付工资数，借方登记实际支付的工资数。

(1)工资费用核算。企业的工资一般按月发放，月份终了企业应将本月应付工资进行分配，生产产品的生产工人工资记入"生产成本"账户的借方，车间管理人员的工资记入"制造费用"账户的借方，企业行政管理部门人员的工资记入"管理费用"账户的借方，销售部门人员的工资记入"销售费用"账户的借方，企业应付职工的各种薪酬(工资)记入"应付职工薪酬"账户的贷方。

【例 4.4】企业月末结算分配本月应付职工工资 62 000 元，其中生产 A 产品工人工资 30 000 元，生产 B 产品工人工资 12 000 元，车间管理人员工资 4 000 元，企业行政管理人员工资 16 000 元。

分析：该项业务的发生，一方面使生产费用和管理费用增加，另一方面使企业应付职工工资增加。企业实际支付工资时，应借记"应付职工薪酬"账户，贷记"库存现金"账户。会计分录为

借：生产成本——A 产品	30 000
——B 产品	12 000
制造费用——工资	4 000
管理费用——工资	16 000
贷：应付职工薪酬——工资	62 000

依本例，企业以现金 62 000 元实际支付职工工资时，作会计分录为

借：应付职工薪酬	62 000
贷：库存现金	62 000

(2) 社会保险费核算。企业按工资总额的一定比例提取的社会保险费(包括医疗保险、养老保险、失业保险、工伤保险和生育保险)等，也在"应付职工薪酬"账户核算，该账户贷方登记提取数，借方登记实际支用数，期末贷方余额反映结余数。按生产工人工资提取的社会保险费等记入"生产成本"账户的借方，按车间管理人员工资提取的福利费、社会保险费等记入"制造费用"账户的借方，按企业行政管理部门人员工资提取的福利费、社会保险费等记入"管理费用"账户的借方，按销售部门人员工资提取的福利费、社会保险费等记入"销售费用"账户的借方。提取的社会保险费总额记入"应付职工薪酬——职工福利或社会保险费"账户的贷方。

【例 4.5】企业按本月应付职工工资总额 62 000 元，提取社会保险等费用 8 680 元，如表 4.4 所示。

表 4.4 社会保险等费用计算

项 目	工资总额	五项保险 8%	住房公积 4%	工会经费 2%	合 计
生产 A 产品工人	30 000	2 400	1 200	600	4 200
生产 B 产品工人	12 000	960	480	240	1 680
车间管理人员	4 000	320	160	80	560
行政管理人员	16 000	1 280	640	320	2 240
合 计	62 000	4 960	2 480	1 240	8 680

注："五项保险"，包括医疗保险金、养老保险金、失业保险金、工伤保险金和生育保险金，统称社会保险费。

分析：该项业务的发生，一方面使企业的成本、费用增加，另一方面使应付职工薪酬(社会保险费)增加，据此编制会计分录为

借：生产成本——A 产品   4 200
    ——B 产品   1 680
  制造费用——社会保险费   560
  管理费用——社会保险费   2 240
  贷：应付职工薪酬——社会保险费   4 960
      ——住房公积金   2 480
      ——工会经费   1 240

企业以现金向有关部门支付职工社会保险费时，借记"应付职工薪酬"账户，贷记"库存现金"等账户。

3. 月末结转制造费用

月份终了，企业应将本月发生的制造费用总额全数结转到产品的生产成本中去，借记"生产成本"账户，贷记"制造费用"账户。

【例 4.6】月末，企业将本月发生的制造费用总额 32 170 元全部结转到"生产成本"账户。

分析：该项业务的发生，一方面使企业的生产成本增加，另一方面使制造费用因结转而减少。作会计分录如下。

借：生产成本   32 170
 贷：制造费用   32 170

对于不能直接计入各个成本计算对象的生产费用，发生时先在"制造费用"账户进行归集，月末时再按一定标准(如按生产工人工资或生产工人工时比例等)进行分配后，记入"生产成本"账户。其计算公式为

$$制造费用分配率 = \frac{制造费用总额}{生产工人工资 (或工时) 总额}$$

某产品应分摊的制造费用＝某产品生产工人工资(或工时)×制造费用分配率

【例4.7】企业2020年5月生产A产品200件，发生直接材料54 000元，直接人工32 000元；生产B产品300件，发生直接材料46 000元，直接人工28 000元；生产A、B产品共发生制造费用12 000元。

要求：按生产工人工资(直接人工)比例分配制造费用。

分析：制造费用分配情况为

$$制造费用分配率 = \frac{12\,000}{32\,000 + 28\,000} = 0.2$$

$$A产品应分配的制造费用 = 32\,000 \times 0.2 = 6400(元)$$

$$B产品应分配的制造费用 = 28\,000 \times 0.2 = 5600(元)$$

制造费用经过分配后，应作如下结转分录：

借：生产成本——A产品   6 400

      ——B产品   5 600

   贷：制造费用   12 000

在实际工作中，制造费用的分配一般是通过编制"制造费用分配表"来进行的，根据上述计算资料，制造费用分配表如表4.5所示。

表4.5　制造费用分配

产品名称	分配标准(工资)	分 配 率	分配金额
A产品	32 000		16 400
B产品	28 000		15 600
合　　计	60 000	0.2	12 000

三、完工产品生产成本的计算和结转

如前所述，产品生产成本的计算，就是将企业生产过程中为制造产品所发生的各种费用按产品品种进行归集和分配，计算出各种产品的总成本和单位成本。其计算公式为

$$产品总成本 = 直接材料 + 直接人工 + 制造费用$$

$$产品单位成本 = \frac{产品总成本}{产品产量}$$

【例4.8】根据【例4.7】的资料，假定A产品全部生产完工，B产品全部未完工。

要求：计算A产品生产总成本和单位成本以及B产品的在产品成本。产品生产成本计算单，如表4.6所示。

分析：根据资料有

$$A产品总成本 = 54\,000 + 32\,000 + 6\,400 = 92\,400(元)$$

$$SA产品单位成本 = \frac{92\,400}{200} = 462(元)$$

$$B在产品的成本 = 46\,000 + 28\,000 + 5\,600 = 79\,600(元)(尚未完工)$$

表 4.6 产品生产成本计算单

2020 年 5 月 31 日

成本项目	A 产品(200 件)		B 产品(300 件)	
	总成本	单位成本	总成本	单位成本
直接材料	54 000	270	46 000	
直接人工	32 000	160	28 000	
制造费用	16 400	132	15 600	
合　　计	92 400	462	79 600	

注：直接人工包括生产工人工资和按生产工人工资计提的社会保险费。

按成本项目分配和归集生产费用后，即可计算产品的制造成本。

(1) 如果月末某种产品全部完工，该种产品成本明细账归集的费用即为该种完工产品的总成本，再除以该种产品的产量，即可计算出该种产品的单位成本。

(2) 如果月末某种产品全部未完工，该种产品成本明细账所归集的费用，即为该种产品的在产品成本。

(3) 本月生产的产品完工并验收入库，月末应结转完工入库产品的实际生产成本，借记"库存商品"账户，贷记"生产成本"账户。

(4) 如果产品没有生产完工，则不需要作结转分录，"生产成本"账户的期末借方余额表示尚未生产完工的在产品实际成本。

(5) 库存商品是指企业已完成全部生产过程并已验收入库、合乎标准规格和技术条件，可以按照合同规定的条件送交订货单位，或可以作为商品对外销售的产品。

根据【例 4.7】的资料，登记"生产成本"明细账，A 产品如表 4.7 所示，B 产品如表 4.8 所示。

表 4.7 "生产成本"明细账

产量：200 件　　　　　　　　　　　　　　　　　　　　　　　　户名：A 产品

年		凭证	摘　要	借　　方				贷　方	余　额
月	日	字号		直接材料	直接人工	制造费用			
5	30		领用材料	54 000					54 000
	30		分配工资		32 000				86 000
	30		制造费用			6 400			92 400
	30		产品完工					92 400	0

表4.8 "生产成本"明细账

产量：300件 户名：B产品

| 年 | | 凭证 字号 | 摘 要 | 借 方 | | | 贷 方 | 余 额 |
月	日			直接材料	直接人工	制造费用		
5	30		领用材料	46 000				46 000
	30		分配工资		28 000			74 000
	30		制造费用			5 600		79 600

由于 B 产品没有生产完工，"生产成本——B 产品"明细账的余额 79 600 元即为在产品成本。

【例4.9】根据【例4.8】的资料，填写完工 A 产品(库存商品)入库单，如表 4.9 所示，并作结转完工入库 A 产品生产成本的会计分录。

表4.9 产成品入库单

2009 年 5 月 31 日

品 名	计量单位	入库数量	单位成本	生产总成本
A产品	件	200	462	92 400
合 计		200		92 400

会计主管： 审核： 制单：

分析：该项业务的发生，表明企业的在产品已生产完工，转化为产成品，一方面使企业的库存商品增加，另一方面使生产成本因结转而减少。A 产品生产完工、结转完工入库产品的实际生产成本时，结转分录如下。

借：库存商品——A 产品 92 400
　　贷：生产成本——A 产品 92 400

第三节 产品销售成本的计算

产品销售成本的计算，是指计算企业已经销售出去产品的实际生产成本。已销产品的生产成本就是产品销售成本，其计算公式为

产品销售成本＝产品销售数量×产品单位生产成本

【例 4.10】企业本月销售产品 4500 件,每件生产成本 520 元,则产品销售成本=4500×520=2 340 000 元。

在实际工作中,企业可根据具体情况选择采用先进先出法、加权平均法、个别计价法等方法,计算确定已销产品的单位生产成本,从而确定销售产品的实际成本。这里简要介绍加权平均法。

加权平均法是以期初商品数量和本期收入商品数量为权数,于月末一次计算商品平均成本,据以计算当月商品销售成本和月末结存商品成本的方法。其计算公式为

$$加权平均单位成本=\frac{期初结存商品成本+本期收入商品成本}{期初结存商品数量+本期收入商品数量}$$

$$本期发出商品实际成本=本期发出商品数量×加权平均单位成本$$

$$期末结存商品实际成本=期初结存商品成本+本期收入商品成本-本期发出商品成本$$

【例 4.11】企业 A 商品 5 月初结存数量 600 件,单位成本 21 元,金额 12 600 元,本月生产完工验收入库 A 商品数量 4 400 件,单位成本 22 元,金额 96 800 元,本月销售 A 商品 4 500 件,月末结存 A 商品 500 件。

要求:采用加权平均法计算本月 A 商品的销售成本和月末结存成本,并填写产品销售成本计算表(见表 4.10)和库存商品明细账(见表 4.11)。

分析:根据材料可知

$$加权平均单位成本=\frac{12\ 600+96\ 800}{600+4\ 400}=21.88(元/件)$$

$$本月商品销售成本=4\ 500×21.88=98\ 460(元)$$

$$月末库存商品成本=12\ 600+96\ 800-98\ 460=10\ 940(元)$$

$$月末库存商品成本=月末结存商品数量×加权平均单位成本$$

$$=500×21.88=10\ 940(元)$$

表 4.10　商品销售成本计算

2020 年 5 月 31 日

产　　品	销售数量	单位成本	金额/元	备　　注
A 产品	4 500	21.88	98 460.00	
				按加权平均法计算成本
合　　计	4 500		98 460.00	

商品销售成本计算出来后,应作如下结转分录:

借:主营业务成本——A 商品　　　　　　　　　　　　　　　98 460

　　贷:库存商品——A 商品　　　　　　　　　　　　　　　　98 460

表 4.11 "库存商品"明细账

户名：A 商品

年		摘 要	借 方			贷 方			余 额		
月	日		数量	单价	金额	数量	单价	金额	数量	单价	金额
5	1	月初结存							600	21	12 600
	31	完工入库	4 400	22	96 800				5 000		
	31	销售转本				4 500	21.88	98 460	1 500	21.88	10 940

【课后练习】

一、单选题

1. 一般纳税企业购买材料时支付的增值税进项税额，应记入( )账户的借方。

   A. 在途物资　　　　B. 应交税费　　　　C. 管理费用　　　　D. 营业税金及附加

2. 企业支付的购入材料的运杂费，可以在( )账户核算。

   A. 管理费用　　　　B. 固定资产　　　　C. 应收账款　　　　D. 原材料

3. "生产成本"账户的期末借方余额表示( )成本。

   A. 入库材料　　　　　　　　　　B. 已经完工的产成品

   C. 尚未完工的在产品　　　　　　D. 库存商品

4. "制造费用"账户的期末余额，应结转到( )账户。

   A. 管理费用　　　　　　　　　　B. 生产成本

   C. 本年利润　　　　　　　　　　D. 固定资产

5. 预提应由本月负担但尚未支付的短期借款利息时，应记入( )账户的借方。

   A. 管理费用　　　　　　　　　　B. 财务费用

   C. 应付利息　　　　　　　　　　D. 其他应收款

6. 计提本月固定资产折旧时，应贷记( )账户。

   A. 制造费用　　　　　　　　　　B. 管理费用

   C. 固定资产　　　　　　　　　　D. 累计折旧

7. "管理费用"账户的期末余额，应结转到( )账户。

   A. 主营业务收入　　　　　　　　B. 本年利润

   C. 利润分配　　　　　　　　　　D. 生产成本

二、多选题

1. 下列账户属于损益类账户的有( )。

   A. 主营业务成本　　　　　　　　B. 所得税费用

C. 营业税金及附加　　　　　　D. 生产成本

2. 生产费用按经济用途划分，可分为(　　)成本项目。

    A. 直接材料　　　　　　　　　B. 直接人工

    C. 制造费用　　　　　　　　　D. 财务费用

3. 制造费用的分配标准有(　　)。

    A. 生产工人工时　　　　　　　B. 生产工人工资

    C. 机器工时　　　　　　　　　D. 材料重量

4. 下列账户的期末余额，应结转到"本年利润"账户的有(　　)。

    A. 营业外收入

    B. 营业外支出

    C. 管理费用

    D. 长期待摊费用

5. 下列事项应计入材料采购成本的有(　　)。

    A. 材料运输费

    B. 材料装卸搬运费

    C. 材料运输途中合理损耗

    D. 材料运输途中发生的非常损失

三、填空题

1. 生产产品领用材料，应作借记_____账户，贷记_____账户的会计分录。

2. "生产成本"账户的期末借方余额，表示尚未完工的_____成本。

3. 计提生产车间固定资产折旧时，应借记_____账户，贷记_____账户。

4. 月末计算分配本月应付车间管理人员工资时，应借记_____账户，贷记_____账户。

5. 月末计提本月应付生产工人社会保险费(基本养老保险)时，应借记_____账户，贷记_____账户。

6. 产品生产完工，结转其生产成本时，应作借记_____账户，贷记_____账户的会计分录。

7. 将本月的制造费用总额分配转入产品的生产成本时，应借记_____账户，贷记_____账户。

8. 产品成本的计算，就是将生产过程中所发生的_____按照_____和_____类别，分别进行归集分配，计算其_____和_____。

9. 结转产品销售成本时，应作借记_____账户，贷记_____账户的会计分录。

四、判断题

1. 材料买价加上采购费用和增值税进项税额，就是材料的采购成本。　　　　(　　)

2. 材料的采购费用如果专为采购某一种材料而发生的，可以直接计入该种材料的采购成本。　　　　(　　)

3. 固定资产由于生产使用而逐渐损耗的价值，称为固定资产折旧。　　（　　）

4. 在缴纳增值税的企业，"应交税费——应交增值税"账户的借方记录企业采购材料时向供货单位支付的进项税额，贷方记录企业销售商品时向购货单位收取的销项税额。

　　　　　　　　　　　　　　　　　　　　　　　　　　　　　　　　（　　）

5. 产品成本的计算是通过"制造费用"账户进行的。　　　　　　　　（　　）

6. "制造费用"账户的月末余额，应结转到"实收资本"账户。　　　（　　）

7. 企业按规定计算出应付给职工的社会保险费用，在"应付职工薪酬"账户核算。

　　　　　　　　　　　　　　　　　　　　　　　　　　　　　　　　（　　）

8. "生产成本"账户的年末余额，可能在借方，也可能在贷方。　　（　　）

五、会计分录题

某企业发生下列经济业务，要求据此编制会计分录。

1. 购入 A 材料，买价 86 000 元，增值税 14 620 元，款项以存款支付，材料未到。

2. 以现金支付 A 材料的运杂费 720 元。

3. 上述 A 材料验收入库，结转其实际采购成本 86 720 元。

4. 购入 B 材料，买价 31 000 元，增值税 5 270 元，运费 230 元，材料已入库，款项尚未支付。

5. 生产甲产品，领用 A 材料 52 380 元。

6. 发出 B 材料 7 910 元，用于企业管理部门一般消耗。

7. 分配结转应付生产 A 产品的工人工资 16 500 元和车间管理人员工资 2 180 元。

8. 计提生产 A 产品工人社会保险费 3 510 元，车间管理人员社会保险费 1 752 元。

9. 计提固定资产折旧，车间固定资产折旧费 5 880 元，厂部固定资产折旧费 2 910 元。

10. 以存款支付车间水电费 4 967 元，企业管理部门(厂部)水电费 5 184 元。

11. 以现金支付本月应付职工工资 32 700 元。

12. 将本月发生的制造费用 98 600 元，结转产品生产成本。

13. 结转本月完工入库产成品的实际生产成本 367 500 元。

14. 结转本月已售出产品的实际生产成本 135 000 元。

15. 以现金支付厂部办公用品费 180 元，支付销售商品发生的运杂费 310 元。

六、成本计算题

1. 企业 2020 年 5 月 10 日购入甲材料 800 千克，单价 6 元，乙材料 700 千克，单价 7 元。增值税 1 649 元，运杂费 450 元，材料验收入库，款项以存款支付，按材料重量分配材料运杂费。

要求：

(1) 分别计算甲、乙材料应分摊的运杂费，填写材料运费分配表(见表 4.12)。

(2) 计算材料采购总成本和单位成本，填写收料单(见表 4.13)。

(3) 作支付货款购入材料，结转材料采购成本的会计分录。

表 4.12　材料运费分配

2020 年 5 月 10 日

产　品	分配标准	分　配　率	分配金额	备　注
甲材料				
乙材料				按材料重量比例分配运杂费用
合　计				

表 4.13　收料单

年　　月　　日

材料编号	材料名称	规格	计量单位	数　量		实际价格				备　注
				应收	实收	单价	发票金额	运杂费用	合计	
	合计									

2. 企业 2020 年 5 月生产 A、B 两种产品，均已生产完工验收入库(没有在产品)。共发生制造费用 21 000 元，按生产工人工时比例分配制造费用。有关资料如表 4.14 所示。

表 4.14　企业 A、B 产品相关资料

产品品种	产量	单位	生产工时	直接材料	直接人工	制造费用
A 产品	1 980	件	16 000	158 000	32 000	
B 产品	1 700	件	18 000	161 000	37 000	
合　计			14 000	119 000	69 000	21 000

要求：

(1) 分别计算 A、B 产品的生产总成本和单位成本。

(2) 分配制造费用，并填写制造费用分配表(见表 4.15)，登记生产成本(A 产品)明细账(见表 4.16)。

(3) 编制分配制造费用和结转完工入库产品实际成本的会计分录。

表 4.15　制造费用分配

2020 年 5 月 31 日

产　品	分配标准(工时)	分　配　率	分配金额	备　注
A 产品				
B 产品				按生产工时比例分配制造费用
合　计				

表 4.16 "生产成本"明细账

户名：A产品

| 年 | | 凭证 | 摘 要 | 借 方 | | | | 贷 方 | 余 额 |
月	日	字号		直接材料	直接人工	制造费用			

3. 企业 5 月初 A 产品结存 420 件，单位成本 48 元，本月生产完工入库 A 产品 1 980 件，单位成本 50 元，本月销售 A 产品 1 900 件。

要求：

(1) 按加权平均法计算本月已销产品的实际成本和月末结存商品的实际成本。

(2) 作结转入库产品成本和结转已销产品成本的会计分录。

(3) 登记库存商品(A 产品)明细账(见表 4.17)。

表 4.17 "库存商品"明细账

户名：

| 年 | | 凭证 | 摘 要 | 借 方 | | | 贷 方 | | | 余 额 | | |
月	日	字号		数量	单价	金额	数量	单价	金额	数量	单价	金额

七、实训题

1. 企业从 A 公司购入甲、乙两种材料，甲材料 50 吨，单价 650 元，乙材料 80 吨，单价 700 元，增值税税率 17%，购入两种材料的运杂费为 3 600 元。材料尚未验收入库，款项均以存款支付。9 天后材料如数验收入库。

要求：

(1) 分别计算甲、乙材料应分摊的运杂费，填写材料运费分配表(见表 4.18)。

(2) 分别计算甲、乙材料的采购总成本和单位成本，并填写收料单(见表 4.19)。

(3) 分别编制支付材料款和收到材料时的会计分录。

表 4.18 材料运费分配

产 品	分配标准	分 配 率	分配金额	备 注
甲材料				
乙材料				按材料重量比例分配运杂费用
合 计				

表 4.19 收料单

材料编号	材料名称	规格	计量单位	数 量		实 际 价 格				备 注
				应收	实收	单价	发票金额	运杂费用	合计	
	合 计									

2. 企业从 B 公司购入甲、乙两种材料,甲材料 45 吨,单价 650 元,乙材料 65 吨,单价 710 元,增值税税率 17%,购入两种材料的运杂费为 3 300 元。

要求:分别计算甲、乙材料的采购总成本和单位成本,并作购入材料已入库同时支付货款的会计分录。

3. 企业本月领用(发出)的材料及用途如表 4.20 所示。

要求:根据表 4.20 资料,编制发出材料会计分录。

表 4.20 领用材料汇总表

项 目	甲 材 料	乙 材 料	合 计
生产产品领用	56 200	44 100	100 300
其中:A 产品	35 000	29 000	64 000
B 产品	21 200	15 100	36 300
车间一般耗用		2 530	2 530
行政管理部门耗用		1 540	1 540
合 计	56 200	48 170	104 370

4. 企业月末结算分配本月应付职工工资 67 300 元,其中生产 A 产品工人工资 33 000 元,生产 B 产品工人工资 22 000 元,车间管理人员工资 2 500 元,企业行政管理人员工资 9 800 元。

5. 企业按本月应付职工工资总额 67 300 元,按第 4 题资料提取社会保险等费用 5 384 元,作计提社会保险费的会计分录。

6. 月末,企业将本月发生的制造费用总额 68 470 元全部结转到"生产成本"账户。

7. 企业 9 月生产 A 产品 400 件,发生直接材料 67 000 元,直接人工 29 000 元;生产 B 产品 500 件,发生直接材料 58 000 元,直接人工 26 000 元;生产 A、B 产品共发生制造费用 11 000 元。

要求:按生产工人工资(直接人工)比例分配制造费用,并作结转分录。

8. 根据第 7 题的资料,填写产品生产成本计算单(见表 4.21),并登记"生产成本" A 产品明细账(见表 4.22)。假定 A 产品全部生产完工,B 产品全部未完工。

表 4.21 产品生产成本计算单

成本项目	A 产品(400 件)		B 产品(500 件)	
	总成本	单位成本	总成本	单位成本
直接材料				
直接人工				
制造费用				
合 计				

表 4.22 生产成本明细账

产量：400 件   户名：A 产品

年		凭证	摘 要	借 方			贷 方	余 额
月	日	字号		直接材料	直接人工	制造费用		
9	30		领用材料					
	30		分配工资					
	30		制造费用					
	30		产品完工					

9. 作结转完工入库 A 产品的生产成本的会计分录。

10. 企业 10 月生产 A、B 两种产品，均已生产完工验收入库(没有在产品)。共发生制造费用 35 000 元，按生产 A、B 产品的工人工资(直接人工)比例分配制造费用。有关资料如表 4.23 所示。

表 4.23 生产费用发生数据表

产品品种	产量	单位	直接材料	直接人工	制造费用	合 计
A 产品	2 100	件	169 700	31 000		
B 产品	2 400	件	173 200	39 000		
合 计			142 900	70 000		

要求：

(1) 分配制造费用，并填写制造费用分配表(见表 4.24)。

(2) 分别计算 A、B 产品的生产总成本和单位成本，并填写表 4.28 合计数。

(3) 编制分配制造费用和结转完工入库产品实际成本的会计分录。

11. 企业 K 材料 4 月初结存数量 500 件，单位成本 35 元，金额 17 500 元，本月购买 K 材料 3 500 件，单位成本 37 元，金额 129 500 元，本月生产产品领用 K 材料 3 600 件，月末结存 K 材料 400 件。

要求：采用加权平均法计算本月 K 材料的发出成本和月末结存成本。

表 4.24　制造费用分配表

2020 年 10 月 31 日

产　　品	分配标准(工时)	分　配　率	分配金额	备　　注
A 产品				
B 产品				按生产工时比例分配制造费用
合　　计				

12. 企业 A 商品 5 月初结存数量 500 件，单位成本 25 元，金额 12 500 元，本月生产完工验收入库 A 商品数量 4 500 件，单位成本 26 元，金额 117 000 元，本月销售 A 商品 4 300 件，月末结存 A 商品 700 件。

要求：采用加权平均法计算本月 A 商品的销售成

第五章

财产清查

【学习目标】

应　知	应　会
(1) 了解财产清查的概念、种类与方法。 (2) 掌握财产物资的盘存制度。	(1) 能正确计算发出存货的成本。 (2) 正确进行财产清查结果的账务处理。 (3) 学会银行存款的清查。 (4) 能编制银行存款余额调节表。

【学习导读】

填完了记账凭证，也登记了账簿，是不是该编制会计报表了呢？实际上是不行的。在编制会计报表之前，还有一个环节需要进行，那就是财产清查。譬如说，每个学期末学校资产管理部门会到每个教室清查各种物资，如计算机、桌椅、灯具、风扇等。那么清查的目的是什么呢？很显然，是通过财产清查，来查明账面记录与实际财产是否相符。如果账实不符，企业应查明原因明确责任，会计上应作调账处理。

第一节　财产清查认知

一、财产清查的种类

财产清查是指通过对货币资金、实物资产和往来款项的盘点或核对，确定其实存数，查明账存数与实存数是否相符的一种专门方法。财产清查的种类可以按照以下几种方式划分。

1. 按财产清查的范围分为全面清查和局部清查

(1) 全面清查。全面清查就是对本企业的全部财产进行盘点和核对。其特点是清查内容多、范围广，需要投入的人力、物力多，花费的时间长，一般适用于以下几种情况。

① 年终决算；

② 单位撤销、合并或改变隶属关系；

③ 中外合资、国内联营；

④ 单位主要负责人调离工作岗位；

⑤ 资产评估、清产核资等活动。

全面清查的对象一般包括以下几个方面。

① 货币资金，包括现金、银行存款和其他货币资金等。

② 财产物资，包括材料、在产品、库存商品、周转材料、固定资产、在建工程，以及在途物资、委托加工物资等。

③ 债权债务，包括各项应收款项、应付款项、应交款项以及银行借款等。

(2)局部清查。局部清查就是对部分财产物资进行盘点和核对。其特点是清查范围小、涉及人员少，但专业性较强，一般适用于以下几种情况。

① 更换财产和现金保管人员时；

② 发生自然灾害和意外损失时；

③上级主管、财政、税务、银行等有关部门对本单位进行会计检查时，发现贪污盗窃、营私舞弊等行为时；

④ 会计主体发生改变或隶属关系发生变动时。

局部清查的对象和时间如下。

① 现金，出纳人员应于每日业务终了时清点核对。

② 银行存款，出纳人员每月至少应同银行核对一次。

③ 库存商品、原材料、周转材料等，年内应轮流盘点或重点抽查；对各种贵重物资，每月应盘点一次。

④债权债务，每年至少应同对方核对一至两次。

2. 按财产清查的时间分为定期清查和不定期清查

(1) 定期清查。定期清查就是根据事先计划或管理制度规定的时间安排对货币资金、财产物资及往来款项所进行的清查。清查的对象可以是全面清查，也可以是局部清查。一般在年末、季末、月末或是每日结账前定期进行。定期清查可以在编制会计报表前对所发现的账实不符的情况，及时调整有关账簿记录，使账实相符，从而保证会计报表资料的客观真实性。

(2) 不定期清查。不定期清查就是事先不安排计划，根据实际需要所进行的临时性清查。其一般适用于以下几种情况。

① 更换财产物资和现金保管员时；

② 发生自然灾害或意外损失时；

③ 上级主管、财政、税务、银行等部门对本单位进行会计检查时；

④ 企业发生改变或隶属关系发生变化时。

企业在编制年度财务会计报告前，应当全面清查财产、核实债务。各单位应当定期将会计账簿记录与实物、款项及有关资料相互核对，保证会计账簿记录与实物及款项的实有数额相符。

二、财产清查的作用

财产清查的作用表现在以下几个方面。

(1) 保证会计核算资料的准确和真实。

(2) 挖掘财产物资的潜力。

(3) 保护单位财产的安全和完整。

(4) 促使单位遵守财经纪律和信贷结算等制度。

(5) 促进经营管理水平的提高。

三、财产清查的一般程序

财产清查的一般程序包括以下几个方面。

(1) 建立财产清查组织。

(2) 组织清查人员学习有关法律、法规、政策规定。

(3) 确定清查对象、范围，明确清查任务。

(4) 制定清查方案，具体安排清查内容、时间、步骤、方法，以及必要的清查前准备。

(5) 清查时本着先清查数量、核对有关账簿记录等，后认定质量的原则进行。

(6) 填制盘存清单。

(7) 根据盘存清单填制实物、往来账项清查结果报告表。

第二节　财产清查方法

一、货币资金清查方法

1. 现金的清查

主要采用实地盘点的方法来确定库存现金的实存数，然后再与现金日记账的账面余额核对，以查明账实是否相符及盈亏情况。

现金清查的具体步骤包括：

(1) 盘点库存现金的实有数额；

(2) 与现金日记账的余额进行核对；

(3) 核查账实是否一致，以及盈亏情况；

(4) 盘点结束后，将现金盘点结果填列到"库存现金盘点报告表"内，由盘点人员和出纳员共同签章(见表 5.1)。

表 5.1　库存现金盘点报告

单位名称：　　　　　　　　　　年　　月　　日

实存金额	账存金额	实存与账存对比		备　注
		盘盈(长款)	盘亏(短款)	
(盘点后得到的实际金额)	(企业库存现金日记账的余额)	(实存金额多于账存金额)	(实存金额少于账存金额)	

盘点人签章：　　　　　　　　　　　　　　　　　出纳员签章：

盘点现金时应注意以下情况。

(1) 库存现金盘点时，要求出纳员必须在场。

(2) 盘点时，需要注意有无违反库存现金管理规定，如以白条抵库或库存现金超过规定限额现象等。

(3) "库存现金盘点报告表"是反映现金实存数的原始凭证，也是查明账实发生差异原因和调整账簿记录的依据。

2. 银行存款的清查

通过与开户银行转来的对账单进行核对，查明银行存款的实有数额，即将单位登记的"银行存款日记账"与开户行送来的"对账单"逐笔核对。

(1) 银行存款的核对步骤。

银行存款的具体核对步骤包括：

① 核对前，应把至清查日止的所有银行存款的收入、支出业务登记入账，详细检查本单位银行存款日记账的正确性和完整性，发现有错记或漏记的，应及时更正、补记。

② 与银行对账单逐笔核对。核对内容包括收、付款金额，结算凭证的种类和号数，收入的来源、支出的用途，发生时间以及存款余额等。

此时，如发现本单位记账有错误，应及时更正；如发现银行记账有错误，应及时通知银行查明更正。如果发现两者余额相符，一般说明双方记账基本正确；如果发现两者不相符，可能是两个原因：一是企业或银行某一方记账有错误；二是存在未达账项。

所谓未达账项，是指在企业和银行之间，由于凭证的传递时间不同，而导致了记账时间不一致，即一方已接到有关结算凭证并已经登记入账，而另一方由于尚未接到有关结算凭证尚未入账的款项。未达账项总的来说有两大类型：一是企业已经入账而银行尚未入账的款项；二是银行已经入账而企业尚未入账的款项。具体包括以下 4 种项目。

① 企业已收款记账，银行尚未收款入账的款项(企收银未收)。如企业销售商品收到的转账支票存入银行，根据银行盖章退回的"进账单"回单联已登记银行存款增加；而银行尚未登记入账。

② 企业已付款记账，银行尚未付款入账的款项(企付银未付)。如企业开出一张转账支票购买办公用品，企业根据支票存根、发货票及入库单等原始凭证，已记银行存款减少；但持票人尚未到银行办理转账手续，银行此时尚未登记减少。

③ 银行已收款记账，企业尚未收款入账的款项(银收企未收)。如外地某单位以汇兑方式支付企业销售货款，银行收到汇款后登记企业存款增加；而企业因未收到汇款凭证而尚未登记银行存款增加。

④ 银行已付款记账，企业尚未付款入账的款项(银付企未付)。如银行受托代企业支付电费，银行取得支付电费的凭证，已登记减少了企业的存款；企业未到银行领取支付电费的凭证而未登记银行存款减少。

上述任何一种未达账项的存在，都会使企业银行存款日记账的余额与银行的对账单的余额不符。当发生第一、第四种情况时，企业的银行存款日记账的账面余额将大于银行对账单余额；当发生第二、第三种情况时，企业的银行存款日记账账面余额将小于银行对账单余额。因此，在与银行对账时首先应查明是否存在未达账项，如果存在未达账项，就应该编制银行存款余额调节表对有关的账项进行调整。

为了消除未达账项的影响，企业应根据核对后发现的未达账项，编制"银行存款余额调节表"，据以调节双方账面余额(见表5.2)。

表5.2 银行存款余额调节

年 月 日 单位：元

项 目	金 额	项 目	金 额
银行存款日记账余额		银行对账单余额	
加：银行已收企业未收款		加：企业已收银行未收款	
减：银行已付企业未付款		减：企业已付银行未付款	
调节后存款余额		调节后存款余额	

(2) 银行存款调节表的编制方法及程序。

① 以"银行存款日记账"与"银行对账单"逐笔勾对，找出双方账户中未能核对相符的金额，即为未达账项。

② 将未核对相符的金额分别按未达账项的4个分类合计后，再记入银行存款余额调节表的相应栏目。

③ 计算双方账户调节后的余额。

【例5.1】某公司银行存款日记账与银行对账单进行月末对账，如表5.3和表5.4所示。

表5.3 中国工商银行对账单

户名：某公司基本存款户 账号：302012

2020年		凭证号码	摘 要	借 方	贷 方	借或贷	余 额
月	日						
5	1	（略）	汇入		20 000	贷	120 000
5	6		承付	30 000		贷	90 000
5	18		转付	2 500		贷	87 500
5	20		转付	1 000		贷	86 500
5	24		现收		9 000	贷	95 500
5	30		汇入		7 000	贷	102 500
5	30		转付	1 100		贷	101 400
5	31		托收		45 000	贷	146 400

注：企业和银行的记账方向相反。

表5.4 银行存款日记账

2020年		凭证		摘 要	结算凭证		借方	贷方	借或贷	余额
月	日	字	号		种类	号码				
5	1	略	略	承前页	略	略			借	100 000
5	2			收回欠款			20 000		借	120 000
5	5			付汇票款				30 000	借	90 000
5	14			付货款				2 500	借	87 500
5	20			申请本票				1 000	借	86 500
5	24			存现金			9 000		借	95 500
5	29			付零工费				1 100	借	94 400
5	31			销售收入			14 000		借	108 400
5	31			汇出采购款				16 000	借	92 400

根据上述资料逐笔勾对，找出未达账项后编制"银行存款余额调节表"，如表5.5所示。

表5.5 银行存款余额调节表

2020年5月31日 单位：元

项 目	金 额	项 目	金 额
银行存款日记账余额	92 400	银行对账单余额	146 400
加：银行已收企业未收款	5 200	加：企业已收银行未收款	14 000
减：银行已付企业未付款	—	减：企业已付银行未付款	16 000
调节后的存款余额	144 400	调节后的存款余额	144 400

经过上述调节后重新求得的余额，既不等于本单位银行存款日记账账面余额，也不等于银行对账单账面余额，而是本单位可以支用的银行存款的实有数。调节账面余额并不是更改账簿记录，对于银行已入账而本单位尚未入账的款项，不能根据调节表作账务处理，而是应等收到有关原始凭证之后，才据以编制记账凭证，登记入账。

二、实物清查方法

实物财产是指具有实物形态的各种财产，包括原材料、自制半成品、在产品、产成品、周转材料和固定资产等。对于实物财产的清查，特别是存货的清查，首先应确定实物财产的账面结存额，再确定实际结存额，然后对两者进行比较以确定差异并寻找产生差异的原因进行账务处理。

1. 确定实物财产账面结存的盘存制度

实物财产清查的重要环节是盘点实物财产的实存数量，为使盘点工作顺利进行，应建立一定的盘存制度。实物财产的盘存制度一般有两种，即永续盘存制和实地盘存制。

(1) 永续盘存制。

永续盘存制又称账面盘存制。在会计核算过程中采用这种盘存制度，是通过设置存货明细账，并根据会计凭证逐笔登记存货的收入数(增加)和发出数(减少)，并随时可结出存货结存数的一种方法。采用这种方法，对于存货的增加和减少，平时都要在账簿中连续地进行记录，因而随时可结算出各类存货的账面结存数。

在永续盘存制下，存货明细分类账能随时反映存货的结存数量和销售数量，其计算公式为

账面期末结存存货成本＝账面期初结存存货成本＋本期存货增加数－本期存货减少数

式中，"账面期初结存存货成本"和"本期存货增加数"是根据有关存货明细账的记录确定的。存货减少数则根据发出存货的数量和存货单位成本加以确定。而日常工作中，企业发出的存货，可以按实际成本核算，也可以按计划成本核算。如采用计划成本核算，会计期末应调整为实际成本。

在实际成本核算方式下，企业可以采用的发出存货成本的计价方法包括个别计价法、先进先出法、月末一次加权平均法等。企业应当根据各类存货的实物流转方式、企业管理的要求、存货的性质等实际情况，合理地确定发出存货成本的计算方法，以确认当期发出存货的实际成本。

① 个别计价法，又称个别认定法、具体辨认法。分批实际法，采用这一方法是假设存货具体项目的实物流转与成本流转相一致，按照各种存货逐一辨认各批发出存货和期末存货所属的购进批别或生产批别，分别按其购入或生产时所确定的单位成本计算各批发出存货和期末存货成本的方法。在这种方法下，是把每一种存货的实际成本作为计算发出存货成本和期末存货成本的基础。个别计价法的成本计算准确，符合实际情况，但在存货收发频繁情况下，其发出成本分辨的工作量较大。因此，这种方法适用于一般不能替代使用的存货，为特定项目专门购入或制造的存货，以及提供的劳务，如珠宝、名

画等贵重物品。

【例5.2】某股份有限公司2020年6月份甲材料的购、销、存情况如表5.6所示。

表5.6 原材料明细账

材料名称：甲材料 　　　　　　　　　　　　　　　　　　　　　　　　　　 计量单位：件

2020年		凭证编号	摘要	收　入			发　出			结　存		
月	日			数量	单价	金额	数量	单价	金额	数量	单价	金额
6	1		月初结存							200	60	12 000
	5		购　进	500	66	33 000				700		
	15		发　出				400			300		
	20		购　进	600	70	42 000				900		
	25		发　出				800			100		
6	30		期末结存	1 100		75 000	1 200			100		

经具体辨认，6月15日发出的400件甲材料中，有100件属于期初结存的材料，有300件属于6月5日第一批购进的材料；6月25日发出的800件甲材料中，有100件属于期初结存的材料，有100件属于6月5日第一批购进的材料，其余600件属于6月20日第二批购进的材料。

该股份有限公司采用个别计价法计算的甲材料本月发出和期末结存成本如下。

6月15日发出甲材料成本 = 100 × 60 + 300 × 66 = 25 800(元)

6月25日发出甲材料成本 = 100 × 60 + 100 × 66 + 600 × 70 = 54 600(元)

期末结存甲材料成本 = 100 × 66 = 660(元)

根据上述计算，本月甲材料的收入、发出和结存情况如表5.7所示。

表5.7 原材料明细账(个别计价法)

材料名称：甲材料 　　　　　　　　　　　　　　　　　　　　　　　　　　 计量单位：件

2020年		凭证编号	摘　要	收　入			发　出			结　存		
月	日			数量	单价	金额	数量	单价	金额	数量	单价	金额
6	1		月初结存							200	60	12 000
	5		购　进	500	66	33 000				700		45 000
	15		发　出				400		25 800	300		19 200
	20		购　进	600	70	42 000				900		61 200
	25		发　出				800		54 600	100		6 600
6	30		期末结存	1 100		75 000	1 200		80 400	100	66	6 600

② 先进先出法，是指以先购入的存货应先发出(销售或耗用)这样一种存货实物流动假设为前提，对发出存货进行计价的一种方法。采用这种方法，先购入的存货成本在后购入存货成本之前转出，据此确定发出存货和期末存货的成本。具体方法是：收入存货时，逐笔登记收入存货的数量、单价和金额；发出存货时，按照先进先出的原则逐笔登记存货的发出成本和结存金额。

【例5.3】某股份有限公司2020年6月份甲材料的购、销、存情况如表5.8所示，则采用先进先出法计算的甲材料本月发出和期末结存成本如下。

$$6月15日发出甲材料成本 = 200×60 + 200×66 = 25\ 200(元)$$
$$6月25日发出甲材料成本 = 300×66 + 500×70 = 54\ 800(元)$$
$$期末结存甲材料成本 = 100×70 = 7\ 000(元)$$

根据上述计算，本月甲材料的收入、发出和结存情况如表5.8所示。

表5.8　原材料明细账(先进先出法)

材料名称：甲材料　　　　　　　　　　　　　　　　　　　　　　　　　　计量单位：件

2020年		凭证编号	摘　要	收　入			发　出			结　存		
月	日			数量	单价	金额	数量	单价	金额	数量	单价	金额
6	1		月初结存							200	60	12 000
	5		购　进	500	66	33 000				200 500	60 66	45 000
	15		发　出				200 200	60 66	25 200	300	66	19 800
	20		购　进	600	70	42 000				300 600	66 70	61 800
	25		发　出				300 500	66 70	54 800	100	70	7 000
6	30		期末结存	1 100		75 000	1 200		80 000	100	70	7 000

③月末一次加权平均法，是指以本月全部进货数量加上月初存货数量作为权数，去除本月全部进货成本加上月初存货成本，计算出存货的加权平均单位成本，以此为基础计算本月发出存货的成本和期末存货的成本的一种方法。其计算公式为

$$存货加权平均单位成本 = \frac{月初库存存货的实际成本＋本月进货的实际成本}{月初结成数量＋本月购进数量}$$

$$本月发出存货的成本 = 本月发出存货的数量×存货单位成本$$
$$本月月末库存存货成本 = 月末库存存货的数量×存货单位成本$$

或

$$本月月末库存存货成本 = 月初库存存货的实际成本＋$$
$$本月收入存货的实际成本－本月发出存货的实际成本$$

【例5.4】某股份有限公司2020年6月份甲材料的购、销、存情况如表5.9所示，则采用月末一次加权平均法计算的甲材料本月发出和期末结存成本如下(除不尽保留两位小数)：

$$加权平均单位成本 = \frac{12\ 000＋75\ 000}{200＋1100} = 66.92(元)$$

$$期末结存甲材料成本 = 100 × 66.92 = 6\ 692(元)$$
$$本月发生甲材料成本 = 12\ 000 + 75\ 000 - 6\ 692 = 80\ 308(元)$$

根据上述计算，本月甲材料的收入、发出和结存情况登记明细账如表5.9所示。

表5.9　原材料明细账(月末一次加权平均法)

材料名称：甲材料　　　　　　　　　　　　　　　　　　　　　　　　　　计量单位：件

| 2020年 | | 凭证编号 | 摘　要 | 收　入 | | | 发　出 | | | 结　存 | | |
月	日			数量	单价	金额	数量	单价	金额	数量	单价	金额
6	1		月初结存							200	60	12 000
	5		购　进	500	66	33 000				700		
	15		发　出				400			300		
	20		购　进	600	70	42 000				900		
	25		发　出				800			100		
6	30		期末结存	1 100		75 000	1 200		80 308	100	66.92	6 692

从上例可以看出，采用永续盘存制，可以通过原材料明细账随时反映各种财产物资的收、发和结存情况，并从数量和金额两个方面进行控制和监督。对账存数，可以通过盘点与实存数进行核对，查明账实是否相符及其原因；还可以及时与库存定额相比较，确保合理库存，加速资金周转。因此，为了加强对材料物资的管理，做到及时了解和掌握各种材料和物资的增减变动和结存情况，一般情况下应采用永续盘存制。但是，采用永续盘存制也存在材料物资明细分类核算工作量较大的缺点。

(2) 实地盘存制。

实地盘存制就是在日常会计核算中，在账簿上只登记财产物资的增加数，不登记减少数，月末把实地盘点所取得的实存数，作为账面结存数，然后再倒求出本期减少(发出、销售)数，并据以登记账簿的方法。其计算公式为

$$期末库存成本 = 期末实地盘点库存数量 × 进货单价$$
$$本期发出或销售成本 = 期初库存成本 + 本期购入成本 - 期末库存成本$$

采用实地盘点法，首先要确定期末库存量，通过实物盘点，即可得出每种库存财产物资的实际库存数量。然后根据库存数量，乘以进货单价就可以计算期末库存成本。最后再计算本期发出或销售成本。

下面以工业企业为例，说明在实地盘存制下材料物资期末库存成本和本期耗用成本的计算方法。

【例5.5】某企业A材料2020年3月份月初库存和本期收发情况如下。

(1) 3月1日，结存400千克，单价10元，金额4 000元。

(2) 3月5日，购进200千克，单价13元，金额2 600元。

(3) 3月24日，购进300千克，单价14元，金额4 200元。

(4) 3月1日，发出150千克。

(5) 3月16日，发出400千克。

(6) 3月29日,发出150千克。

(7) 3月31日,实地盘存200千克。

按照实地盘存制,A材料明细账平时只记购进,不记发出。上列资料在账面上的记录如表5.10所示。

表5.10 原材料明细分类账

明细科目:A材料　　　　　　　　　　　　　　　　　　　　　　　　　计量单位:千克

2020年		摘　要	收　入			发　出			结　存		
月	日		数量	单价	金额	数量	单价	金额	数量	单价	金额
3	1	月初余额							400	10	4 000
3	5	购　进	200	13	2 600						
3	24	购　进	300	14	4 200						
		合　计	500		6 800						

按照实地盘存制应"以存计耗",首先必须通过实地盘点确定月末A材料的实际库存数量(本例为200千克),进而计算A材料的库存成本和发出(生产领用)成本。本例由于各批材料购进时间、地点和供应单位的不同,因而购进的单价也不同。为此,需要采用一定的方法来计算确定月末库存A材料的单价。通常应用的计价方法有先进先出法和加权平均法两种。

方法一:采用先进先出法。它是以假定先购进的先发出,因此库存的就是最后一次(有时也存在最后两次)购进的,而它的单价也就作为库存财产物资单价的一种方法。

根据本例,用先进先出法计算A材料库存成本如下。

月末库存A材料成本＝A材料月末实地盘存数×最后一批进货单价
＝200×14＝2 800(元)

本期发出A材料成本＝月初库存A材料成本＋本期购进A材料成本－
月末库存A材料成本
＝4 000＋6 800－2 800＝8 000(元)

采用实地盘存制登记A材料明细账,如表5.11所示。

表5.11 原材料明细分类账

明细科目:A材料　　　　　　　　　　　　　　　　　　　　　　　　　计量单位:千克

2020年		摘　要	收　入			发　出			结　存		
月	日		数量	单价	金额	数量	单价	金额	数量	单价	金额
3	1	月初余额							400	10	4 000
3	5	购　进	200	13	2 600						
3	24	购　进	300	14	4 200						
3	31	本月发出				700		8 000			
		合　计	500		6 800	700		8 000	200	14	2 800

方法二：采用加权平均法。它是以全部材料物资的平均单价作为全部库存材料物资单价的一种方法。其计算公式为

$$某材料加权平均单价＝\frac{月初结存成本＋本期购进成本}{月初结存数量＋本期购进数量}$$

在本例中，用加权平均法计算 A 材料的加权平均单价和库存成本如下。

$$A材料加权平均单价＝\frac{4\,000＋6\,800}{400＋500}＝12(元/千克)$$

$$月末 A 材料库存成本＝200×12＝2\,400(元)$$

$$发出 A 材料成本＝4\,000＋6\,800－2400＝8\,400(元)$$

根据实地盘点和计算的结果编制会计分录并入账，如表 5.12 所示。

表 5.12　原材料明细分类账

明细科目：A 材料　　　　　　　　　　　　　　　　　　　　　　　　　　计量单位：千克

2020年		摘　　要	收　　入			发　　出			结　　存		
月	日		数量	单价	金额	数量	单价	金额	数量	单价	金额
3	1	月初余额							400	10	4 000
3	5	购　　进	200	13	2 600						
3	24	购　　进	300	14	4 200						
		本月发出				700		8 400			
		合　　计	500		6 800	700		8 400	200	12	2 400

由【例 5.5】可知，采用实地盘存制核算工作比较简单。因此，对于原材料品种复杂、收发频繁和不要求按具体品种核算的企业或单位，采用实地盘存制可以简化日常核算工作。但是，采用实地盘存制平时在账面上无法随时反映材料物资的收、发、结存情况，而且"以存计销"或"以存计耗"的结果，势必把可能存在的库存材料物资的损耗、差错或短缺等，全部隐埋在本期销售或耗用成本中。这样既不利于加强对库存材料物资的管理、控制和监督，又影响了成本计算的正确性。因此，那些要求随时结转销售成本或耗用成本的企业或单位，不宜采用实地盘存制。

2. 实物财产的清查方法

不同品种的实物财产，由于其实物形态、体积、重量、堆放方式等方面各有不同，因而对其进行清查所采用的方法也有所不同。常用的实物财产清查方法包括以下几种。

(1) 实地盘点法，是指在财产物资存放现场逐一清点数量或用计量仪器确定其实存数的一种方法。它主要是通过点数、过磅、尺量等方法来确定实物财产的实有数额。这种方法一般适用于机器设备、包装好的原材料、产成品和库存商品等的清查。

(2) 技术推算法，是指利用技术方法推算财产物资实存数的方法。这种方法一般适用于散装的、大量成堆的化肥、饲料等物资的清查。

(3) 抽样盘存法，是指对于数量多、重量均匀的实物财产，可以采用抽样盘点的方

法，确定财产的实有数额。

(4) 函证核对法，是指对于委托外单位加工或保管的物资，可以采用向对方单位发函调查，并与本单位的账存数相核对的方法。

3. 实物财产清查使用的凭证

为了明确经济责任，在进行财产清查时，有关实物财产的保管人员必须在场，并参加盘点工作。对各项实物财产的盘点结果，应如实准确地登记在"实物盘存单"上，并由有关参加盘点人员同时签章生效。实物盘存单是实物财产盘点结果的书面证明，也是反映实物财产实有数额的原始凭证。实物盘存单的一般格式如表 5.13 所示。

表 5.13　实物盘存单

单位名称：　　　　　　　　　　盘点时间：　　　　　　　　　　编号：

序　号	名　　称	规　格	计量单位	实存数量	单　价	金　额	备　注

盘点人(签章)：　　　　　　　　　　　　　　　　　保管员(签章)：

盘点完毕，将"实物盘存单"中所记录的实存数与账面结存数相核对，如发现实物盘点结果与账面结存结果不相符，应根据"实物盘存单"和有关账簿记录，填制"实存账存对比表"，以确定实物财产的盘盈数或盘亏数。实存账存对比表是财产清查的重要资料，也是月末整账面记录的原始凭证，还是分析盈亏原因，明确经济责任的重要依据。实存账存对比表的格式如表 5.14 所示。

表 5.14　实存账存对比表

单位名称：　　　　　　　　　　年　　月　　日

类别及名称	计量单位	单　价	实　存		账　存		差　异				备　注
							盘　盈		盘　亏		
			数量	金额	数量	金额	数量	金额	数量	金额	

盘点人：　　　　　　保管人：　　　　　　复核：　　　　　　制单：

三、往来款项清查方法

往来款项一般采用发函询证的方法进行核对。对各种应收、应付款的清查，应采取"询证核对法"，即同对方核对账目的方法。清查单位应在其各种往来款项记录准确的基础上，编制"往来款项对账单"，寄发或派人送交对方单位，与债务人或债权人进行核对。往来款项对账单的格式和内容如表 5.15 和表 5.16 所示。

表 5.15 往来款项对账单(第一款)

账户名称：　　　　　　　　年　　月　　日

业务序号	金　　额	发生日期	核对情况		备　　注
			相符情况	不符情况	
合　　计					

表 5.16 往来款项对账单(第二款)

　　　　　　　　　　单位：

你单位 20××年×月×日购入我单位×产品××件，已付货款×××元，尚有×××元货款未付，请核对后将回单联寄回。

　　　　　　　　　　　　　　　　　　　核查单位：(盖章)
　　　　　　　　　　　　　　　　　　　20××年×月×日

沿此虚线裁开，将以下回单联寄回！

- -

往来款项对账单(回联)

核查单位：

你单位寄来的"往来款项对账单"已经收到，经核对相符无误(或不符，应注明具体内容)。

　　　　　　　　　　　　　　　　　　　××单位(盖章)
　　　　　　　　　　　　　　　　　　　20××年×月×日

在核对过程中，如发现未达账项，双方都应采用调节账面余额的办法，核对是否相符。对往来款项的清查，应根据清查结果编制"往来款项清查报告表"(见表 5.17)。对于拖欠款项情况，还应查明有无双方发生争议的款项以及没有收回希望的款项，以便及时采取措施加以处理，避免或减少坏账损失。

表 5.17 往来款项清查报告表

明细分类账户		清查结果		核对不符原因分析			备　　注
名　　称	账面金额	核对相符金额	核对不符金额	未达账项金额	有争议款项金额	其　　他	

清查人员(签章)：　　　　　　　　　　　　　　　　　　记账人员(签章)：

第三节　财产清查结果处理

一、财产清查结果处理的要求

通过财产清查发现的一系列有关财产物资管理和会计核算上的问题，都需要依据有关法令、制度等，进行严肃处理。

1. 分析产生差异的原因和性质，提出处理建议

在财产清查中确定的清查资料和账簿记录之间的差异，如财产物资盘盈、盘亏或各种损失等，都要认真查明其性质和产生原因，明确责任，按规定程序报请领导处理。

2. 积极处理多余积压财产，清理往来款项

在清查过程中发现的多余和不需用的物资，应当订出计划，报请批准后，积极做出妥善的处理；对于长期拖欠不清的债权、债务以及发生争执的债权、债务，都应当指定专人，限期做好清理工作。

3. 总结经验教训，建立健全各项管理制度

财产清查的任务之一是发现财产物资管理中的问题，并对有关问题作出认真、严肃的处理。另外，从长远的观点出发，认真总结经验教训，切实提出改进工作的措施，建立和健全规章制度，加强财产管理的责任制，逐步提高财产管理水平，这也是财产清查的任务之一。

4. 及时调整账簿记录，保证账实相符

财产清查发现的差异以及对差异的处理，都应当在账簿上予以反映，必须通过对账簿记录的调整，做到账实相符。

二、财产清查结果处理的步骤

对财产清查中发现的各项差异，在会计上应当分以下两个步骤进行处理：首先，就已经查明属实的财产盘盈、盘亏和损失作出会计分录，在账簿上据实反映。使各项财产的账存数同实存数完全一致；其次，按照规定程序报经批准的处理办法，将各项盘盈、盘亏和损失，分别不同情况做成会计分录，登记入账。如果财产清查是在办理决算时进行的，这项差异数字必须在结账前处理完毕，并登记入账。

为了反映和监督企业在财产清查中财产物资的盘盈、盘亏和毁损及其处理情况，需要设置"待处理财产损溢"账户。该账户按用途和结构分类，它属于暂记账户，用来核算在财产清查过程中所发现的各项财产物资的盘盈、盘亏及其处理情况。该账户可按盘盈、盘亏的资产种类和项目进行明细分类核算。"待处理财产损溢"账户的一般结构如下。

待处理财产损溢

借方	贷方
① 发生的待处理财产盘亏和毁损数	① 发生的待处理财产盘盈数
② 结转已批准处理财产盘盈数	② 转销已批准处理的财产盘亏和毁损数

该账户月末结转后无余额

三、财产清查结果的账务处理

1. 货币资金清查结果的处理

(1) 库存现金清查结果的处理。

库存现金清查过程中发现的长款(溢余)或短款(盘亏)，应根据库存现金盘点报告表以及有关的批准文件进行批准前和批准后的账务处理。库存现金长、短款通过"待处理财产损溢——待处理流动资产损溢"账户进行核算。

库存现金长、短款在批准前的处理是：以实际存在的库存现金为准，当库存现金长款时，增加库存现金账户的记录，以保证账实相符，同时记入"待处理财产损溢——待处理流动资产损溢"账户，等待批准处理；当库存现金短款时，应冲减库存现金账户的记录，以保证账实相符，同时记入"待处理财产损溢——待处理流动资产损溢"账户，等待批准处理。

库存现金长、短款在批准后应视不同的原因而采取不同的方法进行处理。一般来说，对于无法查明原因的库存现金长款，其批准后的处理是增加营业外收入；对于应付其他单位或个人的长款，应记入"其他应付款——××单位或个人"账户。对于库存现金短款，如果是应由责任人赔偿或由保险公司赔偿的，应转记入"其他应收款——××赔偿人"或"其他应收款——应收保险赔款"账户；如果是由于经营管理不善造成、非常损失或无法查明原因的，应增加企业的管理费用。下面举例说明库存现金长、短款批准前后的账务处理。

【例5.6】某股份有限公司在财产清查中发现库存现金短款144元，经查是由于出纳员的责任造成的。进行批准前和批准后的处理如下。

批准前：

借：待处理财产损溢——待处理流动资产损溢　　　　144
　　贷：库存现金　　　　144

批准后：

借：其他应收款——××出纳员　　　　144
　　贷：待处理财产损溢——待处理流动资产损溢　　　　144

【例5.7】某股份有限公司在财产清查时发现库存现金长款240元，无法查明原因。进行批准前和批准后的处理如下。

批准前：

借：库存现金　　　　240
　　贷：待处理财产损溢——待处理流动资产损溢　　　　240

批准后：

借：待处理财产损溢——待处理流动资产损溢　　　　240
　　贷：营业外收入　　　　240

【例5.8】某股份有限公司在财产清查时发现库存现金短款440元，经反复查对，原因不明。进行批准前和批准后的处理如下。

批准前：

借：待处理财产损溢——待处理流动资产损溢 440

　　贷：库存现金 440

批准后：

借：管理费用——库存现金短款 440

　　贷：待处理财产损溢——待处理流动资产损溢 440

【例 5.9】某企业在清点库存现金时，发现现金长款 108 元，原因待查。

借：库存现金 108

　　贷：待处理财产损溢——待处理流动资产损溢 108

上项库存现金溢余原因已经查明，有 18 元属于应付给员工李丽的款项，应转作其他应付款；其余 90 元原因不明，经批准转作营业外收入。编制会计分录如下。

借：待处理财产损溢——待处理流动资产损溢 108

　　贷：其他应付款——李丽 18

　　　　营业外收入 90

(2) 银行存款清查结果的处理。

银行存款余额调节表左右两方的金额相等，说明该公司的银行存款日记账记账过程基本正确，还说明企业可动用的银行存款实有数就是调节后的余额。如果调节后的余额不等，说明企业或银行双方登记的账日可能有一方发生差错，因而要及时进一步查明原因，采取相应的方法进行更正。

这里需要注意的是对于未达账项的处理。对于未达账项，应该在实际收到有关的收、付款结算凭证后再进行相关的账务处理。

2. 实物财产清查结果的处理

企业的实物财产主要包括存货和固定资产两部分。企业在财产清查过程中发现的实物财产盘盈、盘亏，报经批准以前应先通过"待处理财产损溢"账户核算(固定资产盘盈除外)。

(1) 存货清查结果的账务处理。

存货清查是指通过对存货的实地盘点，确定存货的实有数量，并与账面结存数进行核对，从而确定存货实存数与账面结存数是否相符的一种专门方法。

由于存货种类繁多、收发频繁，在日常收发过程中可能发生计量错误、计算错误、自然损耗，还可能发生损坏变质以及贪污、盗窃等情况，造成账实不符，形成存货的盘盈或盘亏。对于存货的盘盈或盘亏，应填写"存货盘点报告表"，再根据该表填制"实存账存对比表"，及时查明原因，按照规定程序报批处理。

企业在财产清查中查明的各种存货的盘盈、盘亏和毁损情况，也应通过"待处理财产损溢"科目。

批准前：对于盘盈的存货，一方面增加有关的存货资产的账户，另一方面记入"待处理财产损溢"账户的贷方；对于盘亏的存货，一方面记入"待处理财产损溢"账户的借方，另一方面冲减有关的存货资产账户。再根据"实存账存对比表"编制记账凭证，记入有关账簿，使账簿记录与实际盘存数相符。同时，根据企业的管理权限，将处理建议报股东大会或董事会、或经理(厂长)会议或类似机构批准。

批准后：对于盘盈的存货，一般由于收发计量不准或自然升溢等原因造成，经批准后冲减管理费用。对于盘亏的存货，属于一般经营损失的部分(管理不善、收发计量不准确、自然损耗而产生的定额内的损耗,)转作管理费用；属于超定额的短缺毁损所造成的损失，应由过失人负责赔偿的，记入"其他应收款"账户；属于非常损失造成的短缺毁损，在扣除保险公司的赔偿和残料价值后的净损失，列作营业外支出。盘亏涉及增值税的问题，还应将其进项税额自"应交税费"账户贷方转出，但为了简化起见，这里不考虑增值税问题。

【例 5.10】某股份有限公司在财产清查过程中发现盘亏材料 2000 元(属于责任者失职造成)，盘亏库存商品 6200 元(属于收发计量不准确造成)，进行批准前和批准后的会计处理如下。

批准前：

借：待处理财产损溢——待处理流动资产损溢　　　　　　　　　　 8 200

　　贷：原材料　　　　　　　　　　　　　　　　　　　　　　　　 2 000

　　　　库存商品　　　　　　　　　　　　　　　　　　　　　　　 6 200

批准后

借：管理费用　　　　　　　　　　　　　　　　　　　　　　　　　 6 200

　　其他应收款　　　　　　　　　　　　　　　　　　　　　　　　 2 000

　　贷：待处理财产损溢——待处理流动资产损溢　　　　　　　　　 8 200

【例 5.11】某股份有限公司在财产清查过程中发现一批账外原材料 680 千克，结合同类原材料的单位成本确定其总成本为 8 500 元。其批准前后的会计处理如下。

批准前：

借：原材料　　　　　　　　　　　　　　　　　　　　　　　　　　 8 500

　　贷：待处理财产损溢——待处理流动资产损溢　　　　　　　　　 8 500

批准后：

借：待处理财产损溢——待处理流动资产损溢　　　　　　　　　　　 8 500

　　贷：管理费用　　　　　　　　　　　　　　　　　　　　　　　 8 500

(2) 固定资产清查结果的处理。

发现盘亏固定资产，同样通过"待处理财产损溢"账户进行核算。对于盘盈的固定资产，作为前期差错处理，即盘盈的固定资产通过"以前年度损益调整"账户进行核算，为简化核算，本章对于盘盈的固定资产的处理，不作具体介绍。

处理前：对于盘亏的固定资产，在批准前应按其账面净值借记"待处理财产损溢"账户，按其账面已提折旧记入"累计折旧"账户，借方按其账面原始价值贷记"固定资产"账户。

处理后：经过批准之后再将其净值记入"营业外支出"账户。

【例 5.12】企业在财产清查中，发现短缺设备一台，其账面原价 68 000 元，已提折旧 42 000 元。

处理前：

借：待处理财产损溢——待处理固定资产损溢 26 000

累计折旧 42 000

贷：固定资产 68 000

经批准列作营业外支出，编制会计分录如下。

借：营业外支出 26 000

贷：待处理财产损溢——待处理固定资产损溢 26 000

【课后练习】

一、多选题

1. 下列情况属于未达账项的有( )。

A. 银行已收企业未收的款项

B. 银行已付企业未付的款项

C. 企业与银行均未收的款项

D. 企业与银行均未付的款项

2. 下列属于财产清查内容的有( )。

A. 固定资产 　　B. 存货 　　C. 应收账款 　　D. 应付账款

3. 实物财产的清查是指对( )的清查。

A. 原材料 　　B. 在产品 　　C. 产成品 　　D. 固定资产

4. 财产物资账实不符的原因有( )。

A. 保管过程中发生自然损耗

B. 管理不善造成的财产损失

C. 自然灾害造成的非常损失

D. 收发财产时计量不准造成的差错

5. 财产物资发出成本的确定方法有( )。

A. 先进先出法 　　　　　　　　B. 借贷记账法

C. 加权平均法 　　　　　　　　D. 个别计价法

6. 永续盘存制和实地盘存制的区别有( )。

A. 对各种财产物资在账簿中的记录方法不同

B. 对各种财产物资进行实地盘点的目的不同

C. 适用范围不同

D. 适用范围相同

7. "待处理财产损益"账户贷方登记的内容有( )。

A. 财产盘亏发生数 　　　　　　B. 财产盘盈发生数

C. 财产盘亏转销数 　　　　　　D. 财产盘盈转销数

8. 计算银行存款日记账调节后余额时，应考虑的未达账项有( )。

A. 银收企未收 　　　　　　　　B. 银付企未付

C. 企收银未收 　　　　　　　　D. 企付银未付

9. 财产物资盘亏后，查明原因处理时可能借记的科目有(　　)。

  A. 管理费用   B. 其他应收款

  C. 营业外收入   D. 营业外支出

10. 原始凭证审核的内容包括(　　)。

  A. 经济业务内容是否真实

  B. 经济业务的发生时间是否合理

  C. 经济业务是否有违法乱纪行为

  D. 应借应贷方向是否正确

11. 可以用三栏式明细分类核算的是(　　)。

  A. 管理费用   B. 实收资本

  C. 应收账款   D. 短期投资

12. 导致企业财产物资账存数与实存数不符的主要原因有(　　)。

  A. 财产物资发生自然损耗

  B. 财产物资收发计量有差错

  C. 财产物资毁损、被盗

  D. 账簿记录重记、漏记

13. 会计的两项基本职能是相辅相成、辩证统一的关系，下列说法正确的是(　　)。

  A. 会计监督是会计核算的基础

  B. 会计监督是会计核算质量的保证

  C. 没有核算所提供的信息，监督就失去依据

  D. 会计具有预测经济前景、参与经济决策、评价经营业绩等功能

14. 属于会计中期的会计期间有(　　)。

  A. 年度   B. 半年度   C. 季度   D. 月度

15. 一个完整的会计分录包括(　　)。

  A. 会计科目   B. 记账方向   C. 记账符号   D. 记账的金额

16. 按照权责发生制原则，下列各项应确认为本月费用的有(　　)。

  A. 本月支付的下半年房屋租金

  B. 本月预提的短期借款利息

  C. 本月支付以前已预提的短期借款利息

  D. 年初已支付，分摊计入本月的报刊订阅费

17. 企业的资金运动由各个环节组成，它包括(　　)。

  A. 资金投入   B. 资金运用   C. 资金退出   D. 资金增值

18. 企业在取得收入时可能会影响到的会计要素是(　　)。

  A. 资产   B. 负债   C. 所有者权益   D. 费用

19. 借贷记账法下，可以在账户借方登记的是(　　)。

  A. 负债的减少   B. 费用的减少

  C. 收入的减少   D. 资产的增加

20. 只进行总分类账核算，不进行明细分类账核算的账户是(　　)。

　　A. 实收资本　　　　B. 短期借款　　　　C. 累计折旧　　　D. 预提费用

21. 各账务处理程序的根本区别是(　　)。

　　A. 登记总账的依据不同

　　B. 登记日记账的依据不同

　　C. 登记明细账的依据不同

　　D. 编制会计报表的依据不同

22. 未达账项的具体情况不包括(　　)。

　　A. 企业已收款入账，银行尚未收款入账

　　B. 企业已付款入账，银行尚未付款入账

　　C. 银行已收款入账，企业尚未收款入账

　　D. 银行未付款入账，企业也未付款入账

23. (　　)是会计核算的最终成果。

　　A. 总分类账　　　B. 明细分类账　　　C. 会计凭证　　　D. 财务会计报告

24. 下列经济业务中，会引起资产和负债同时增加的是(　　)。

　　A. 以银行存款购买材料

　　B. 以银行存款对外投资

　　C. 以银行存款清偿所欠货款

　　D. 取得银行借款，并存入银行

25. 某企业 4 月初的资产总额为 150 000 元，负债总额为 50 000 元，4 月份发生下面两笔业务，取得收入共计 60 000 元，发生费用共计 40 000 元，则 4 月底该企业的所有者权益总额为(　　)元。

　　A. 120 000　　　　B. 170 000　　　　C. 160 000　　　　D. 100 000

26. 结账时，应当划通栏双红线的情形是(　　)。

　　A. 12 月末结出全年累计发生额后

　　B. 各月末结出本年累计发生额后

　　C. 结出本季累计发生额后

　　D. 结出当月发生额后

27. 采用划线更正法，是因为(　　)，导致账簿记录错误。

　　A. 记账凭证上会计科目或记账方向错误

　　B. 记账凭证正确，在记账时发生错误

　　C. 记账凭证上会计科目或记账方向正确，所记金额大于应记金额

　　D. 记账凭证上会计科目或记账方向正确，所记金额小于应记金额

二、填空题

1. 财产清查是指通过对各项财产物资和库存现金的_____以及对银行存款和债权债务的_____，查明各项财产物资、货币资金和债权债务的_____和_____是否相一致的一种会计核算专门方法。

2. 财产物资的盘存制度有_____和_____两种。企业一般应用_____。

3. 永续盘存制又称_____，它是对各项财产物资的_____，都要根据_____，

在有关的账簿中进行连续登记，并随时结出_____数额的方法。

4. 财产清查按其清查范围的不同，分为_____和_____，按其清查时间不同可分为_____和_____。

5. 实物财产的清查方法，常用的有_____、_____和_____。

6. 货币资产的清查包括_____和_____的清查。

7. 库存现金清查采用_____法，银行存款的清查是采用_____的方法进行的。

8. 未达账项是指企业与银行之间，一方_____，另一方_____的款项。

9. 在财产清查中，盘盈原材料时，借记_____科目，贷记_____科目；经批准冲减管理费用时，借记_____科目，贷记_____科目。

10. 发生盘亏库存商品时，借记_____科目，贷记_____科目。

11. 坏账指无法收回的_____，因坏账而造成的损失称为_____。

三、判断题

1. 财产物资的盘存制度分为永续盘存制和账面盘存制。　　　　　　　　（　　）

2. 采用实地盘存制能随时反映库存财产物资的账面结存数量和金额。（　　）

3. 在永续盘存制下，平时账簿上只登记财产物资的增加数，不登记减少数。（　　）

4. 在永续盘存制下，财产物资的账面结存成本与实际库存成本一定相等。（　　）

5. 企业对应收款、应付款的清查，应采用与对方单位核对账目的方法。（　　）

6. 企业对财产物资库存的核算方法，一般采用永续盘存制。　　　　　（　　）

7. "待处理财产损益"账户的借方余额，表示已经批准处理的财产物资净损失。

（　　）

8. 对大量成堆难以逐一清点的财产物资，进行清查的方法是技术推算法。（　　）

9. "实存账存对比表"是调整账簿记录的重要原始凭证。　　　　　　　（　　）

10. 对于银行已入账而企业尚未入账的未达账项，企业应根据银行存款余额调节进行账务处理。

（　　）

四、实训题

(一) 某公司 2020 年 9 月底清查银行存款，9 月份银行存款账面记录与银行发来的对账单有下列情况。

1. 企业银行存款账面记录如下。

(1) 23 日，存入销售货款转账支票 18 000 元；

(2) 24 日，开出支票，号码 1024，支付委托外单位加工费 3 400 元；

(3) 25 日，开出支票，号码 1025，支付购入材料价款 12 524 元；

(4) 29 日，存入销售货款所收转账支票 1 120 元；

(5) 29 日，开出支票，号码 1026，支付购料运输费 270 元；

(6) 30 日，开出支票，号码 1027，支付购燃料费 7 800 元；

(7) 30 日，银行存款结存余额为 20 540 元。

2. 银行对账单记录如下。

(1) 24 日，销货转账收入为 18 000 元；

(2) 26 日，代交应付电费 2 800 元；

(3) 27 日，开出支票，号码 1024，支付加工费 3 400 元；

(4) 28 日，开出支票，号码 1025，支付材料款 12 524 元，

(5) 29 日，存款利息收入 828 元；

(6) 30 日，开出支票，号码 1027，支付燃料费 7 800 元，

(7) 30 日，结存余额为 17 718 元。

要求：

1. 查明银行存款账面记录与银行对账单不符的原因；

2. 根据未达账项编制"银行存款余额调节表"，并确定企业月末实际可以动用的银行存款数额。

(二) 某公司 2020 年 5 月份，B 材料月初库存和本期收发情况如下。

1. 5 月 1 日结存 100 千克，单价 40 元，计 4 000 元；

2. 5 月 1 日发出 40 千克；

3. 5 月 3 日购入 50 千克，单价 44 元，计 2 200 元；

4. 5 月 10 日发出 90 千克；

5. 5 月 18 日购入 100 千克，单价 46 元，计 4 600 元；

6. 5 月 20 日发出 40 千克。

要求：根据上列资料，在永续盘存制下：用先进先出法登记本月 B 材料明细账(见表 5.18)；用月末一次加权平均法登记本月 B 材料明细账(见表 5.19)。

表 5.18　"原材料"明细账(先进先出法)

明细科目：　　　　　　　　　　　　　　　　　　　　　　　　　　　计量单位：

年		凭证字号	摘　要	借　方			贷　方			余　额		
月	日			数量	单价	金额	数量	单价	金额	数量	单价	金额

表5.19 "原材料"明细账(月末一次加权平均法)

明细科目： 　　　　　　　　　　　　　　　　　　　　　　　　　　　计量单位：

年		凭证	摘 要	借 方			贷 方			余 额		
月	日	字号		数量	单价	金额	数量	单价	金额	数量	单价	金额

(三) 某企业(小规模纳税人)在财产清查中发现以下问题：

1. 业务部门盘缺电子计算机一台，原值19 000元，已提折旧9 500元；

2. 服装组实地盘点库存商品，发现女装账面结存数量为128箱，实际存量为126箱，每箱进价为400元；

3. 家电组实地盘点库存商品，发现25吋电视机存量28台，账面结存数量为27台，进货单价2 100元；

4. 出纳处库存现金经盘点短缺36.8元；

5. 核对部门往来账目，查明A公司已撤销，所欠货款540元无法收回，经报批准作为坏账处理；

上述盘点溢缺原因已经查明，报请批准，处理意见如下。

1. 盘亏电子计算机系搬迁中遗失，列作营业外支出；

2. 服装短缺2箱系保管人员丢失，由过失人赔偿；

3. 25吋电视机盘盈一台，系供货单多发，已交供货单位收回；

4. 库存现金短缺36.8元，应由过失人赔偿。

要求：根据上述情况，编制有关会计分录。

第六章

财 务 报 表

【学习目标】

应 知	应 会
(1) 了解账务处理程序的含义。	(1) 能够编制科目汇总表。
(2) 理解记账凭证账务处理程序的特点和记账程序。	(2) 能够编制资产负债表。
(3) 理解科目汇总表账务处理程序的特点和记账程序。	(3) 能够编制利润表。
(4) 理解资产负债表的含义、内容和结构。	
(5) 理解利润表的含义、内容和结构。	

【学习导读】

　　你知道自己家里有多少资产，多少负债吗？每个月家庭收入是多少，支出是多少，还有多少结余吗？你可以将这些信息整理汇编成一张张报表，从而合理地经营自己的资产，创造更多的价值。编制财务报表是进行会计核算的最终环节，反映的是企业重要的商业信息。那么，财务报表是根据什么编制的，是什么时间编制的？

第一节　　财务报表认知

一、账务处理程序

　　账务处理程序又称会计循环、会计核算组织程序或会计核算形式，是指会计凭证、会计账簿、会计报表相结合的方式，包括会计凭证和账簿的种类、格式，会计凭证与账簿之间的联系方法，由原始凭证到编制记账凭证、登记明细分类账和总分类账、编制会计报表的工作程序和方法等。科学合理地选择适用于本单位的账务处理程序，对于有效地组织会计核算具有重要意义。

常用账务处理程序主要有记账凭证账务处理程序和科目汇总表账务处理程序。

二、记账凭证账务处理程序

1. 记账凭证账务处理程序的特点

记账凭证账务处理程序是指对发生的经济业务事项，都要根据原始凭证或汇总原始凭证编制记账凭证，然后直接根据记账凭证逐笔登记总分类账的一种账务处理程序。其主要特点是：直接根据记账凭证逐笔登记总分类账。它是基本的账务处理程序。

2. 记账凭证账务处理程序的步骤

记账凭证账务处理程序的步骤包括以下几个方面。

(1) 根据原始凭证编制汇总原始凭证。

(2) 根据原始凭证或汇总原始凭证，编制记账凭证。

(3) 根据收款凭证、付款凭证及所附原始凭证逐笔登记现金日记账和银行存款日记账。

(4) 根据原始凭证、汇总原始凭证和记账凭证登记各种明细分类账。

(5) 根据记账凭证逐笔登记总分类账。

(6) 期末，现金日记账、银行存款日记账和明细分类账的余额分别与有关总分类账的余额核对相符。

(7) 期末，根据总分类账和明细分类账的记录，编制会计报表。

记账凭证财务处理程序如图 6.1 所示。

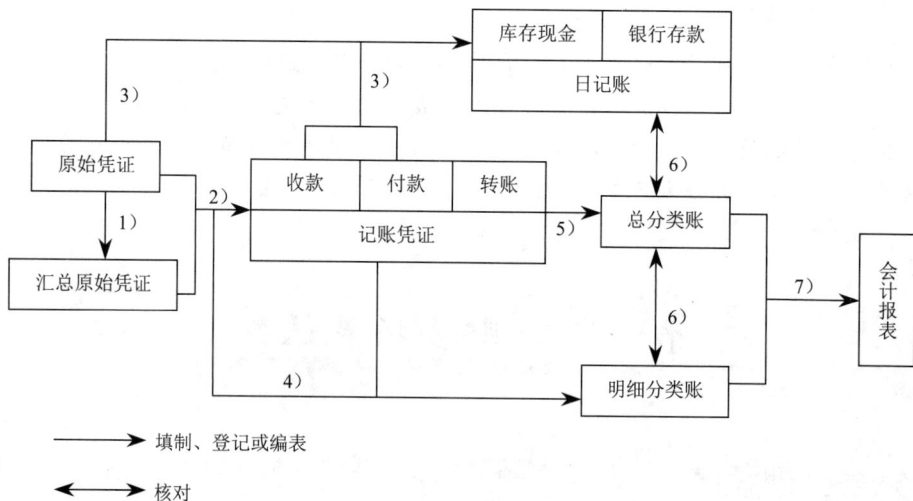

图 6.1　记账凭证财务处理程序

3. 记账凭证账务处理程序的优缺点和适用范围

记账凭证账务处理程序的优点是简单明了，易于理解，操作简便；总分类账可以较详细地反映经济业务的发生情况。其缺点是：登记总分类账的工作量较大。

记账凭证账务处理程序适用于规模较小、经济业务量较少的单位。

【例6.1】大华工厂为增值税一般纳税企业，2020年4月各总账账户期初余额如表6.1所示。

表6.1 总账账户期初余额

单位：元

账户名称	借方金额	贷方金额
库存现金	3 800	
银行存款	25 000	
应收账款	98 800	
原材料	45 000	
固定资产	210 000	
库存商品	40 000	
累计折旧		38 000
短期借款		50 000
应付账款		38 000
应付职工薪酬		800
应交税费		7 800
实收资本		200 000
本年利润		88 000
合　计	422 600	422 600

该工厂2020年4月发生以下经济业务：

(1) 2日，收到三星工厂还来前欠货款58 800元存入银行；

(2) 3日，仓库发出材料5 000元用于生产产品；

(3) 7日，购进材料，价款为20 000元，增值税税额为3 400元，全部款项用银行存款支付，材料验收入库；

(4) 10日，用银行存款交纳税费7 800元；

(5) 11日，用银行存款偿还前欠大明工厂货款28 000元；

(6) 13日，购入办公用品800元，现金支付；

(7) 14日，销售产品，价款为27 000元，增值税税额为4 590元，款项收到存入银行；

(8) 15日，从银行借入3个月期的借款100 000元存入银行；

(9) 17日，接受甲投资者投入的设备一台，价值50 000元；接受乙投资者投入的货币资金50 000元已存入银行；

(10) 18日，购进材料，价款为5 000元，增值税税额为850元，价税款均未支付；

(11) 20日，购入设备一台，价值30 000元，款项已经支付；

(12) 22 日，销售产品，价款为 10 000 元，增值税税额为 1 700 元，收到 6 000 元存入银行，其余款项暂未收到；

(13) 25 日，以银行存款偿还短期借款 20 000 元；

(14) 28 日，计提本月固定资产折旧，车间用固定资产应提折旧 1 880 元，厂部用固定资产应提折旧 1 200 元；

(15) 30 日，结转本月销售产品的成本共计 20 000 元；

(16) 30 日，将本月损益类账户(管理费用、主营业务收入、主营业务成本)结转至"本年利润"。

根据上述经济业务编制记账凭证如下(以会计分录代替):

记字 1 号	借：银行存款	58 800	
	贷：应收账款		58 800
记字 2 号	借：生产成本	5 000	
	贷：原材料		5 000
记字 3 号	借：原材料	20 000	
	应交税费——应交增值税(进项税额)	3 400	
	贷：银行存款		23 400
记字 4 号	借：应交税费	7 800	
	贷：银行存款		7 800
记字 5 号	借：应付账款	28 000	
	贷：银行存款		28 000
记字 6 号	借：管理费用	800	
	贷：库存现金		800
记字 7 号	借：银行存款	31 590	
	贷：主营业务收入		27 000
	应交税费——应交增值税(销项税额)		4 590
记字 8 号	借：银行存款	100 000	
	贷：短期借款		100 000
记字 9 号	借：固定资产	50 000	
	银行存款	50 000	
	贷：实收资本		100 000
记字 10 号	借：原材料	5 000	
	应交税费——应交增值税(进项税额)	850	
	贷：应付账款		5 850
记字 11 号	借：固定资产	30 000	
	贷：银行存款		30 000
记字 12 号	借：银行存款	6 000	
	应收账款	5 700	
	贷：主营业务收入		10 000

| | | 应交税费——应交增值税(销项税额) | | | | 1 700 |

记字 13 号	借: 短期借款		20 000
	贷: 银行存款			20 000
记字 14 号	借: 制造费用		1 880
	管理费用		1 200
	贷: 累计折旧			3 080
记字 15 号	借: 主营业务成本		20 000
	贷: 库存商品			20 000
记字 16 号	借: 主营业务收入		37 000
	贷: 本年利润			37 000
	借: 本年利润		22 000
	贷: 主营业务成本			20 000
	管理费用			2 000

根据记账凭证登记总分类账(以银行存款、应收账款、应交税费账户为例),如表6.2～表6.4所示。

表6.2 银行存款总分类账

2020年 月	日	凭证 字号	摘 要	借 方	贷 方	借或贷	余 额
4	1		承前页			借	25 000
4	2	记字 1 号	收回货款	58 800		借	83 800
4	7	记字 3 号	购买材料		23 400	借	60 400
4	10	记字 4 号	支付税费		7 800	借	52 600
4	11	记字 5 号	偿还欠款		28 000	借	24 600
4	14	记字 7 号	销售产品	31 590		借	56 190
4	15	记字 8 号	借入款项	100 000		借	156 190
4	17	记字 9 号	接受投资	50 000		借	206 190
4	20	记字 11 号	购入设备		30 000	借	176 190
4	22	记字 12 号	销售产品	6 000		借	182 190
4	25	记字 13 号	偿还欠款		20 000	借	162 190
4	30		本月合计	246 390	109 200		162 190

表6.3 应收账款总分类账

2020年 月	日	凭证 字号	摘 要	借 方	贷 方	借或贷	余 额
4	1		承前页			借	98 800
4	2	记字 1 号	收回欠款		58 800	借	40 000
4	22	记字 12 号	销售产品	5 700		借	45 700
4	30		本月合计	5 700	58 800	借	45 700

表 6.4　应交税费总分类账

| 2020 年 | | 凭证 | 摘　要 | 借　　方 | 贷　　方 | 借或贷 | 余　　额 |
月	日	字号					
4	1		承前页			贷	7 800
4	7	记字 3 号	购买材料	3 400		贷	4 400
4	10	记字 4 号	支付税费	7 800		借	3 400
4	14	记字 7 号	销售产品		4 590	贷	1 190
4	18	记字 10 号	购买材料	850		贷	340
4	22	记字 12 号	销售产品		1 700	贷	2 040
4	30		本月合计	12 050	6 290	贷	2 040

三、科目汇总表账务处理程序

1. 科目汇总表账务处理程序的特点

科目汇总表账务处理程序又称记账凭证汇总表账务处理程序，是根据记账凭证定期编制科目汇总表，再根据科目汇总表登记总分类账的一种账务处理程序。其特点是：定期编制科目汇总表，再据以登记总分类账。

2. 科目汇总表账务处理程序的步骤

科目汇总表账务处理程序的步骤包括以下几个方面。

(1) 根据原始凭证编制汇总原始凭证。

(2) 根据原始凭证或汇总原始凭证，编制记账凭证。

(3) 根据收款凭证、付款凭证及所附原始凭证逐日逐笔登记现金日记账和银行存款日记账。

(4) 根据原始凭证、汇总原始凭证和记账凭证，登记各种明细分类账。

(5) 根据各种记账凭证编制科目汇总表。

(6) 根据科目汇总表登记总分类账。

(7) 期末，现金日记账、银行存款日记账和明细分类账的余额分别与有关总分类账的余额核对相符。

(8) 期末，根据总分类账和明细分类账的记录，编制会计报表。

科目汇总表账务处理程序的步骤如图 6.2 所示。

3. 科目汇总表账务处理程序的优缺点和适用范围

科目汇总表账务处理程序的优点是：科目汇总表账务处理程序减轻了登记总分类账的工作量，并可做到试算平衡，简明易懂，方便易学。其缺点是：科目汇总表不能反映账户对应关系，不便于查对账目。

科目汇总表账务处理程序适用于经济业务较多的单位。

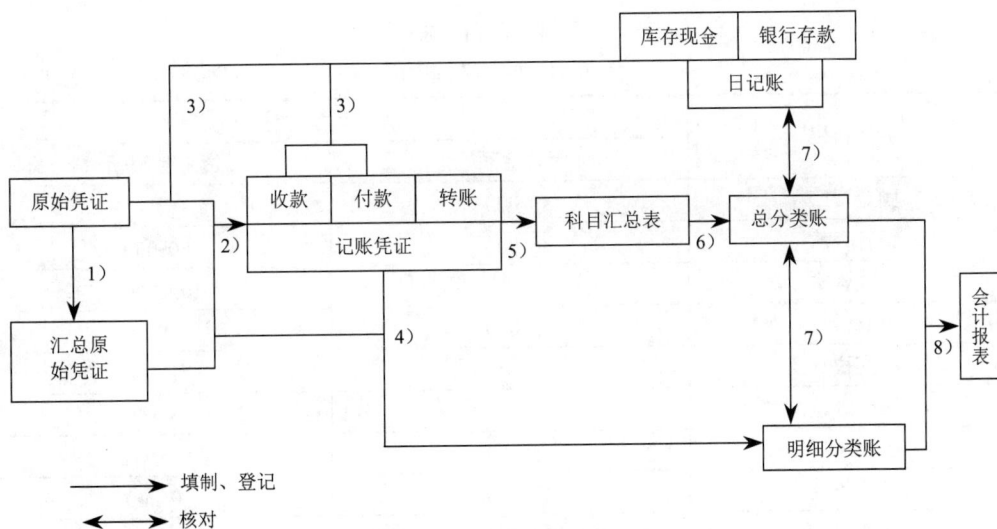

图 6.2　科目汇总表账务处理程序

【例 6.2】若【例 6.1】中的大华工厂采用的是科目汇总表账务处理程序，编制大华工厂的科目汇总表(假定每 15 日汇总一次)，并根据科目汇总表登记银行存款、应收账款、应交税费的总分类账(4 月 1~15 日的科目汇总表如表 6.5 所示；4 月 16~30 日的科目汇总如表 6.6 所示)。

表 6.5　科目汇总

2020 年 4 月 1 日至 15 日　　　　　　　　　　　　　　　第 1 号

会计科目	本期发生额	
	借方金额/元	贷方金额/元
银行存款	190 390	59 200
应收账款		58 800
生产成本	5 000	
原材料	20 000	5 000
应交税费	11 200	4 590
应付账款	28 000	
管理费用	800	
库存现金		800
主营业务收入		27 000
短期借款		100 000
合　　计	255 390	255 390

表 6.6　科目汇总

2020 年 4 月 16 日至 30 日　　　　　　　　　　　　第 2 号

会计科目	本期发生额	
	借方金额/元	贷方金额/元
固定资产	80 000	
银行存款	56 000	50 000
实收资本		100 000
原材料	5 000	
应交税费	850	1 700
应付账款		5 850
应收账款	5 700	
主营业务收入	37 000	10 000
短期借款	20 000	
制造费用	1 880	
管理费用	1 200	2 000
累计折旧		3 080
主营业务成本	20 000	20 000
库存商品		20 000
本年利润	22 000	37 000
合　　计	249 630	249 630

根据科目汇总表登记总分类账(银行存款、应收账款、应交税费账户)，如表 6.7～表 6.9 所示。

表 6.7　银行存款总分类账

2020 年		凭证 字号	摘　　要	借　　方	贷　　方	借或贷	余　　额
月	日						
4	1		承前页			借	25 000
4	15	科汇 1 号	汇总 1～15 日凭证	190 390	59 200	借	156 190
4	30	科汇 2 号	汇总 16～30 日凭证	56 000	50 000	借	162 190
4	30		本月合计	246 390	109 200	借	162 190

表 6.8　应收账款总分类账

2020 年		凭证 字号	摘　　要	借　　方	贷　　方	借或贷	余　　额
月	日						
4	1		承前页			借	98 800
4	15	科汇 1 号	汇总 1～15 日凭证		58 800	借	40 000
4	30	科汇 2 号	汇总 16～30 日凭证	5 700		借	45 700
4	30		本月合计	5 700	58 800	借	45 700

表6.9 应交税费总分类账

2020 年		凭证 字号	摘 要	借 方	贷 方	借或贷	余 额
月	日						
4	1		承前页			贷	7 800
4	15	科汇 1 号	汇总 1～15 日凭证	11 200	4 590	贷	1 190
4	30	科汇 2 号	汇总 16～30 日凭证	850	1 700	贷	2 040
4	30		本月合计	12 050	6 290	贷	2 040

四、财务报表的组成和分类

财务报表是对企业财务状况、经营成果和现金流量的结构性表述。

企业编制财务报表的目标，是向财务报表使用者提供与企业财务状况、经营成果和现金流量等有关的会计信息，

一套完整的财务报表至少应当包括资产负债表、利润表、现金流量表、所有者权益变动表及附注。

资产负债表、利润表和现金流量表分别从不同角度反映企业的财务状况、经营成果和现金流量。其中，资产负债表反映企业在某一特定日期所拥有的资产、需偿还的债务以及股东(投资者)拥有的净资产情况；利润表反映企业在一定会计期间的经营成果，即利润或亏损的情况，表明企业运用所拥有的资产的获利能力；现金流量表反映企业在一定会计期间现金和现金等价物流入和流出的情况。

按编报时间不同，财务报表可分为中期财务报表和年度财务报表。中期财务报表是指以短于一个完整会计年度的报告期为基础编制的财务报表，主要包括月报、季报、半年报表。年度财务报表又称年度决算报告，是总括反映企业全年财务状况、经营成果和现金流量的报表。

➤ 第二节 资产负债表

资产负债表是指反映企业在某一特定日期(月末)的财务状况的报表。

一、资产负债表的结构及其内容

1. 资产负债表的内容

资产负债表主要反映资产、负债和所有者权益 3 个方面的内容。

(1) 资产。资产负债表中的资产应当按照流动资产和非流动资产两大类别列示，在流动资产和非流动资产类别下进一步按性质分项列示。

流动资产是指预计在一个正常营业周期中或 1 年内(含 1 年)变现、出售或耗用的资产。资产负债表中列示的流动资产项目通常包括货币资金、交易性金融资产、应收票据、应收账款、预付款项、应收利息、应收股利、其他应收款、存货等。

非流动资产是指流动资产以外的资产。资产负债表中列示的非流动资产项目通常包括长期股权投资、固定资产、在建工程、无形资产、长期待摊费用等。

(2) 负债。资产负债表中的负债应当按照流动负债和非流动负债进行列示，在流动负债和非流动负债类别下再进一步按性质分项列示。

流动负债是指预计在一个正常营业周期中清偿，或者 1 年内(含 1 年)到期应予以清偿的负债。资产负债表中列示的流动负债项目通常包括短期借款、应付票据、应付账款、预收款项、应付职工薪酬、应交税费、应付利息、应付股利、其他应付款等。

非流动负债是指流动负债以外的负债。非流动负债项目通常包括长期借款、应付债券等。

(3) 所有者权益。资产负债表中的所有者权益是指企业资产扣除负债后的剩余权益，反映企业在某一特定日期股东(投资者)拥有的净资产的总额。它一般按照实收资本、资本公积、盈余公积和未分配利润分项列示。

2. 资产负债表的结构

我国企业的资产负债表采用账户式结构。账户式资产负债表分左右两方，左方为资产项目，大体按资产的流动性大小排列，流动性大的资产(如"货币资金")等排在前面，流动性小的资产(如"固定资产")等排在后面；右方为负债及所有者权益项目，一般按要求清偿时间的先后顺序排列，"短期借款""应付账款"等排在前面，"长期借款"等排在后面。

账户式资产负债表中的资产各项目的总计等于负债及所有者权益各项目的总计，即资产负债表的左方和右方平衡。因此，通过账户式资产负债表，可以反映资产、负债、所有者权益之间的内在关系，即"资产＝负债＋所有者权益"。

我国企业"资产负债"格式如表 6.10 所示。

表 6.10 资产负债　　　　　会企 01 表

编制单位：　　　　　　　年　　月　　日　　　　　　单位：元

资　　产	期末余额	年初余额	负债及所有者权益	期末余额	年初余额
流动资产：			流动负债：		
货币资金			短期借款		
交易性金融资产			应付票据		
应收票据			应付账款		
应收账款			预收款项		
预付款项			应付职工薪酬		
应收利息			应交税费		

(续表)

资　产	期末余额	年初余额	负债及所有者权益	期末余额	年初余额
应收股利			应付利息		
其他应收款			应付股利		
存货			其他应付款		
1年内到期的非流动资产			流动负债合计		
流动资产合计			非流动负债:		
非流动资产:			长期借款		
长期股权投资			应付债券		
固定资产			非流动负债合计		
在建工程			负债合计		
无形资产			所有者权益:		
长期待摊费用			实收资本		
非流动资产合计			资本公积		
			盈余公积		
			未分配利润		
			所有者权益合计		
资产总计			负债及所有者权益总计		

二、资产负债表编制

资产负债表的各项目均需填列"年初余额"和"年末余额"两栏。

资产负债表"年初余额"栏内各项数字，应根据上年末资产负债表的"期末余额"栏内所列数字填列。

1. 资产负债表的"期末余额"栏内各项数字的填列方法

(1) 根据总账科目的余额填列。资产负债表中的有些项目，可直接根据有关总账科目的余额填列，如"短期借款""应付职工薪酬""实收资本"等项目；有些项目，则需根据几个总账科目的余额计算填列，如"货币资金"项目，需根据"库存现金""银行存款""其他货币资金"3 个总账科目余额合计填列。

(2) 根据有关明细科目的余额计算填列。资产负债表中的有些项目(包括应收账款、预付账款、应付账款、预收账款)，需要根据明细科目余额分析填列，如"应付账款"项目，需要分别根据"应付账款"和"预付账款"两个科目所属明细科目的期末贷方余额计算填列。

(3) 根据总账科目和明细科目的余额分析计算填列。资产负债表的有些项目，需要依据总账科目和明细科目两者的余额分析填列，如"长期借款"项目，应根据"长期借款"总账科目余额扣除"长期借款"科目所属的明细科目中将在资产负债表日起 1 年内到期的长期借款后的金额填列。

(4) 根据有关科目余额减去其备抵科目余额后的净额填列。如资产负债表中的"应收账款"项目，应根据"应收账款"等科目的期末余额减去"坏账准备"科目余额后的净额填列；"固定资产"项目，应根据"固定资产"科目期末余额减去"累计折旧""固定资产减值准备"科目余额后的净额填列；"无形资产"项目，应根据"无形资产"科目期末余额减去"累计摊销""无形资产减值准备"科目余额后的净额填列。

(5) 综合运用上述填列方法分析填列。如资产负债表中的"存货"项目，需根据"原材料""库存商品""委托加工物资""周转材料""材料采购""在途物资""发出商品""材料成本差异"等总账科目期末余额的分析汇总数，再减去"存货跌价准备"备抵科目余额后的金额填列。"未分配利润"项目，反映企业尚未分配的利润，应根据"本年利润"科目和"利润分配"科目的余额计算填列。未弥补的亏损在本项目内以"一"号填列。

2. 资产负债表项目的填列说明

资产负债表中资产、负债和所有者权益主要项目的填列说明如下。

(1) 资产项目的填列说明。

① "货币资金"项目。本项目应根据"库存现金""银行存款""其他货币资金"科目期末余额的合计数填列。

② "交易性金融资产"项目。本项目应当根据"交易性金融资产"科目的期末余额填列。

③ "应收账款"项目，反映企业因销售商品、提供劳务等经营活动应收取的款项。本项目应根据"应收账款"和"预收账款"科目所属各明细科目的期末借方余额合计减去"坏账准备"科目中有关应收账款计提的坏账准备期末余额后的金额填列。如"应收账款"科目所属明细科目期末有贷方余额的，应在本表"预收款项"项目内填列。

④ "预付款项"项目，反映企业按照购货合同规定预付给供应单位的款项等。本项目应根据"预付账款"和"应付账款"科目所属各明细科目的期末借方余额合计数，减去"坏账准备"科目中有关预付款项计提的坏账准备期末余额后的金额填列。如"预付账款"科目所属各明细科目期末有贷方余额的，应在资产负债表"应付账款"项目内填列。

⑤ "其他应收款"项目。本项目应根据"其他应收款"科目的期末余额，减去"坏账准备"科目中有关其他应收款计提的坏账准备期末余额后的净额填列。

⑥ "存货"项目，反映企业期末在库、在途和在加工中的各种存货的可变现净值。本项目应根据"材料采购""在途物资""原材料""库存商品""周转材料""委托加工物资""委托代销商品""生产成本"等科目的期末余额合计，减去"存货跌价准备"，加或减"材料成本差异"科目期末余额后的净额填列。

⑦ "固定资产"项目。本项目应根据"固定资产"科目的期末余额，减去"累计折旧"科目期末余额后的净额填列。

⑧ "在建工程"项目。本项目应根据"在建工程"科目的期末余额填列。

⑨ "长期待摊费用"项目。本项目应根据"长期待摊费用"科目的期末余额减去将

于 1 年内(含 1 年)摊销的数额后的金额填列。

(2) 负债项目的填列说明。

① "短期借款"项目。本项目应根据"短期借款"科目的期末余额填列。

② "应付账款"项目。本项目应根据"应付账款"和"预付账款"科目所属各明细科目的期末贷方余额合计数填列。如"应付账款"科目所属明细科目期末有借方余额的,应在资产负债表"预付款项"项目内填列。

③ "预收款项"项目。本项目应根据"预收账款"和"应收账款"科目所属各明细科目的期末贷方余额合计数填列。如"预收账款"科目所属各明细科目期末有借方余额,应在资产负债表"应收账款"项目内填列。

④ "应付职工薪酬"项目,反映企业根据有关规定应付给职工的工资、职工福利、社会保险费、住房公积金、工会经费、职工教育经费等各种薪酬。

⑤ "应交税费"项目,反映企业按照税法规定计算应交纳的各种税费,包括增值税、消费税、营业税、所得税、资源税、土地增值税、城市维护建设税、房产税、土地使用税、车船使用税、教育费附加等。本项目应根据"应交税费"科目的期末贷方余额填列。如"应交税费"科目期末为借方余额,应以"一"号填列。

⑥ "应付利息"项目。本项目应当根据"应付利息"科目的期末余额填列。

⑦ "应付股利"项目。本项目应根据"应付股利"科目的期末余额填列。

⑧ "其他应付款"项目。本项目应根据"其他应付款"科目的期末余额填列。

⑨ "长期借款"项目。本项目应根据"长期借款"科目的期末余额填列。

(3) 所有者权益项目的填列说明。

① "实收资本(或股本)"项目。本项目应根据"实收资本"(或"股本")科目的期末余额填列。

② "资本公积"项目。本项目应根据"资本公积"科目的期末余额填列。

③ "盈余公积"项目。本项目应根据"盈余公积"科目的期末余额填列。

④ "未分配利润"项目。本项目应根据"本年利润"科目和"利润分配"科目的余额计算填列。未弥补的亏损在本项目内以"一"号填列。

【例 6.3】东风工厂 2020 年 3 月 31 日有关账户期末余额如表 6.11 所示。

表 6.11 东风工厂期末账户余额

单位:元

账　户	借方余额	贷方余额
库存现金	800	
银行存款	440 000	
应收账款	75 000	
坏账准备		375
原材料	423 500	
生产成本	134 000	
库存商品	72 000	

(续表)

账　户	借方余额	贷方余额
应收票据	60 000	
固定资产	820 000	
累计折旧		250 000
应付账款		83 000
实收资本		1 050 000
本年利润		84 000
利润分配	30 000	

根据上述账户资料，计算资产负债表中的货币资金、应收账款、应收票据、存货、固定资产、应付账款、实收资本、未分配利润指标如下。

货币资金 = 800 + 440 000 = 440 800(元)

应收账款 = 75 000 - 375 = 74 625(元)

存货 = 423 500 + 134 000 + 72 000 = 629 500(元)

应收票据 = 60 000(元)

固定资产 = 820 000 - 250 000 = 570 000(元)

应付账款 = 83 000(元)

实收资本 = 1 050 000(元)

未分配利润 = 84 000 - 30 000 = 54 000(元)

【例6.4】三星公司为增值税一般纳税人，其2020年12月31日有关科目的余额如表6.12所示。

表6.12　2020年三星公司科目期末余额

单位：元

科目名称	借方金额	科目名称	贷方金额
库存现金	14 800	短期借款	380 000
银行存款	210 000	应付账款	400 000
其他货币资金	60 000	应付职工薪酬	81 500
交易性金融资产	10 000	应交税费	43 800
应收票据	50 000	长期借款	344 000
应收账款	358 200	实收资本	1 100 000
在途物资	76 000	资本公积	200 000
原材料	100 000	盈余公积	77 400
低值易耗品	10 000	利润分配	25 300
库存商品	190 000		
长期股权投资	500 000		
固定资产	961 000		

(续表)

科目名称	借方金额	科目名称	贷方金额
累计折旧	−70 000		
无形资产	192 000		

编制 2020 年年末三星公司的资产负债如表 6.13 所示。

表 6.13　资产负债

编制单位：三星公司　　　　　　　　　　2020 年 12 月 31 日　　　　　　　　　　单位：元

资　　产	期末余额	年初余额	负债及所有者权益	期末余额	年初余额
流动资产：			流动负债：		
货币资金	274 800		短期借款	380 000	
交易性金融资产	10 000		应付票据		
应收票据	50 000		应付账款	400 000	
应收账款	358 200		预收款项		
预付款项			应付职工薪酬	81 500	
应收利息			应交税费	43 800	
应收股利			应付利息		
其他应收款			应付股利		
存货	376 000		其他应付款		
1 年内到期的非流动资产			流动负债合计	905 300	
流动资产合计	1 069 000		非流动负债：		
非流动资产：			长期借款	344 000	
长期股权投资	500 000		应付债券		
固定资产	891 000			344 000	
无形资产	192 000		非流动负债合计		
长期待摊费用			负债合计	1 249 300	
非流动资产合计	1 583 000		所有者权益：		
			实收资本	1 100 000	
			资本公积	200 000	
			盈余公积	77 400	
			未分配利润	25 300	
			所有者权益合计	1 402 700	
资产总计	2 652 000		负债及所有者权益总计	2 652 000	

【例 6.5】长江公司为增值税一般纳税人，适用的增值税税率为 17%。2009 年 12 月 31 日有关科目的余额如表 6.14 所示。

表 6.14　2009 年 12 月 31 日长江公司科目余额

单位：元

科目名称	借方金额	贷方金额	科目名称	借方金额	贷方金额
库存现金	3 000		短期借款		100 000
银行存款	15 300		应付票据		10 000
应收账款	70 000		应付账款		65 000
坏账准备		300	长期借款		210 000
应收票据	6 000		实收资本		250 000
原材料	100 000		资本公积		53 000
库存商品	70 000		盈余公积		40 000
长期股权投资	160 000				
固定资产	350 000				
累计折旧		46 000			
合　　计	774 300	46 300			728 000

2020 年 1 月长江公司发生以下经济业务：

(1) 购进原材料 20 000 元，增值税税额为 3 400 元，款项尚未支付，材料验收入库；

(2) 用银行存款支付应付票据款 8 000 元；

(3) 以现金预借职工出差的差旅费 1 500 元；

(4) 接受某单位投入的设备一台价值 50 000 元，投入的银行存款 100 000 元；

(5) 本期归还长期借款 40 000 元。

要求：

(1) 根据上述业务编制会计分录；

(2) 编制该企业 2020 年 1 月 31 日的资产负债表。

上述业务的会计分录为：

(1) 借：原材料　　　　　　　　　　　　　　　　　　　　　20 000
　　　　应交税费——应交增值税(进项税额)　　　　　　　　3 400
　　　　　贷：应付账款　　　　　　　　　　　　　　　　　　　　23 400

(2) 借：应付票据　　　　　　　　　　　　　　　　　　　　8 000
　　　　　贷：银行存款　　　　　　　　　　　　　　　　　　　　8 000

(3) 借：其他应收款　　　　　　　　　　　　　　　　　　　1 500
　　　　　贷：库存现金　　　　　　　　　　　　　　　　　　　　1 500

(4) 借：固定资产　　　　　　　　　　　　　　　　　　　　50 000

　　　　　银行存款　　　　　　　　　　　　　　　　　　　100 000
　　　　　　贷：实收资本　　　　　　　　　　　　　　　　　　150 000
　　(5) 借：长期借款　　　　　　　　　　　　　　　　　40 000
　　　　　　贷：银行存款　　　　　　　　　　　　　　　　　　40 000

该公司 2020 年 1 月 31 日资产负债如表 6.15 所示。

表 6.15　资产负债　　　　　　　　　　　会企 01 表

编制单位：长江公司　　　　　　　　　2020 年 1 月 31 日　　　　　　　　单位：元

资产	期末余额	年初余额	负债及所有者权益	期末余额	年初余额
流动资产：			流动负债：		
货币资金	68 800	18 300	短期借款	100 000	100 000
应收票据	6 000	6 000	应付票据	2000	10 000
应收账款	69 700	69 700	应付账款	88 400	65 000
其他应收款	1 500		应交税费	-3400	
存货	190 000	170 000	流动负债合计	187 000	175 000
流动资产合计	336 000	264 000	非流动负债：		
非流动资产：			长期借款	170 000	210 000
长期股权投资	160 000	160 000	非流动负债合计	170 000	210 000
固定资产	354 000	304 000	负债合计	357 000	385 000
非流动资产合计	514 000	464 000	所有者权益：		
			实收资本	400 000	250 000
			资本公积	53 000	53 000
			盈余公积	40 000	40 000
			所有者权益合计	493 000	343 000
资产总计	850 000	728 000	负债及所有者权益总计	850 000	728 000

第三节　利润表

　　利润表是指反映企业在一定会计期间经营成果的报表。通过利润表，可以了解企业在一定会计期间收入、费用、利润的数额和构成情况。

一、利润表的格式及其内容

　　我国企业"利润表"采用多步式格式，如表 6.16 所示。

表 6.16　利润表　　　　　　　　　会企 02 表

编制单位：　　　　　　　　　　年　　月　　　　　　　　单位：元

项　　目	本期金额	上期金额
一、营业收入		
减：营业成本		
营业税金及附加		
销售费用		
管理费用		
财务费用		
资产减值损失		
加：公允价值变动收益(损失以"－"号填列)		
投资收益(损失以"－"号填列)		
二、营业利润(亏损以"－"号填列)		
加：营业外收入		
减：营业外支出		
三、利润总额(亏损总额以"－"号填列)		
减：所得税费用		
四、净利润(净亏损以"－"号填列)		

二、利润表编制

1. 利润表的编制步骤

企业的利润表分以下 3 个步骤编制。

(1) 以营业收入为基础，减去营业成本、营业税金及附加、销售费用、管理费用、财务费用、资产减值损失，加上公允价值变动收益和投资收益，计算出营业利润。

(2) 以营业利润为基础，加上营业外收入，减去营业外支出，计算出利润总额。

(3) 以利润总额为基础，减去所得税费用，计算出净利润。

2. 利润表各项目的填列方法

利润表各项目均需填列"本期金额"和"上期金额"两栏。

在编制中期利润表时，"本期金额"栏应分为"本期金额"和"年初至本期末累计发生额"两栏，分别填列各项目本中期(月、季或半年)各项目实际发生额，以及自年初起至本中期(月、季或半年)末止的累计实际发生额。如编制 2020 年第三季度利润表，则表中"本期金额"栏为 2020 年 7 月 1 日～9 月 30 日期间的金额，而"年初至本期末累计发生额"则为 2020 年 1 月 1 日～9 月 30 日期间的金额。利润表"本期金额""上期金额"栏内各项数字，应当按照相关损益类科目的发生额分析填列。

3. 利润表项目的填列说明

利润项目的内容及填列方法如下

(1)"营业收入"项目,反映企业经营主要业务和其他业务所确认的收入总额。本项目应根据"主营业务收入"和"其他业务收入"科目的发生额分析填列。

(2)"营业成本"项目,反映企业经营主要业务和其他业务所发生的成本总额。本项目应根据"主营业务成本"和"其他业务成本"科目的发生额分析填列。

(3)"营业税金及附加"项目,反映企业经营业务应负担的消费税、营业税、城市建设维护税和教育费附加等。本项目应根据"营业税金及附加"科目的发生额分析填列。

(4)"销售费用"项目,反映企业在销售商品过程中发生的包装费、广告费等费用和为销售本企业商品而专设的销售机构的职工薪酬等经营费用。本项目应根据"销售费用"科目的发生额分析填列。

(5)"管理费用"项目,反映企业为组织和管理生产经营发生的管理费用。本项目应根据"管理费用"的发生额分析填列。

(6)"财务费用"项目,反映企业筹集生产经营所需资金等而发生的筹资费用。本项目应根据"财务费用"科目的发生额分析填列。

(7)"资产减值损失"项目,"公允价值变动收益"项目,"投资收益"项目,分别应根据该科目的发生额分析填列。

(8)"营业利润"项目,反映企业实现的营业利润,根据表中数据计算填列。如为亏损,本项目以"-"号填列。

(9)"营业外收入"项目、"营业外支出"项目,反映企业发生的与经营业务无直接关系的各项收入或支出。应根据该科目的发生额分析填列。

(10)"利润总额"项目,反映企业实现的利润,根据表中数据计算填列。如为亏损,本项目以"-"号填列。

(11)"所得税费用"项目,本项目应根据"所得税费用"科目的发生额分析填列。

(12)"净利润"项目,反映企业实现的净利润,根据表中"利润总额"项目减去"所得税费用"项目后的金额填列。如为亏损,本项目以"-"号填列。

【例6.6】大洋工厂2020年12月31日有关损益类账户本年累计发生额如表6.17所示。

表6.17 2020年12月31日大洋工厂损益类账户

单位:万元

科目名称	借方累计发生额	贷方累计发生额
主营业务收入		3 000
主营业务成本	1 520	
其他业务收入		100
其他业务成本	150	
营业税金及附加	100	
销售费用	50	
管理费用	180	

(续表)

科目名称	借方累计发生额	贷方累计发生额
财务费用	20	
资产减值损失	150	
投资收益		70
营业外收入		90
营业外支出	40	
所得税费用	300	

编制大洋工厂 2020 年度的利润表如表 6.18 所示。

表 6.18 利润表　　　　　　　　　　　会企 02 表

编制单位：大洋工厂　　　　　　　2020 年 12 月　　　　　　　　单位：万元

项　　目	本年金额	上年金额
一、营业收入	3 100	(略)
减：营业成本	1 670	
营业税金及附加	100	
销售费用	50	
管理费用	180	
财务费用	20	
资产减值损失	150	
加：公允价值变动收益(损失以"－"号填列)		
投资收益(损失以"－"号填列)	70	
二、营业利润(亏损以"－"号填列)	1 000	
加：营业外收入	90	
减：营业外支出	40	
三、利润总额(亏损总额以"－"号填列)	1 050	
减：所得税费用	300	
四、净利润(净亏损以"－"号填列)	750	

【例 6.7】大洋工厂 2020 年 7 月 31 日有关损益类账户累计发生额如表 6.19 所示。

表 6.19　2020 年 7 月 10 日大洋工厂损益类账户

单位：万元

科目名称	借方累计发生额	贷方累计发生额
主营业务收入		400
主营业务成本	260	
其他业务收入		16

(续表)

科目名称	借方累计发生额	贷方累计发生额
其他业务成本	10	
营业税金及附加	15	
销售费用	14	
管理费用	21	
财务费用	12	
投资收益		22
营业外收入		5
营业外支出	2	
所得税费用	42	

大洋公司 2020 年 8 月发生以下经济业务:

(1) 销售产品一批,价款为 50 万元,增值税税额为 8.5 万元,款项收到存入银行;

(2) 分配本月职工工资,其中生产工人工资 12 万元,车间管理人员工资 6 万元,厂部管理人员工资 1 万元,销售人员工资 3 万元;

(3) 支付厂部办公用品费 2 万元;

(4) 计提本月固定资产折旧,车间用固定资产 6 万元,厂部固定资产折旧 3 万元;

(5) 支付销售产品广告费 2 万元,支付本月银行借款利息 2 万元;

(6) 计提本月城市建设维护税 5 万元,教育费附加 0.5 万元;

(7) 结转本月产品销售成本 22.5 万元;

(8) 计算本月应交所得税 5 万元;

(9) 将各损益类账户结转至"本年利润"账户。

要求:

(1) 根据上述业务编制会计分录;

(2) 编制大洋工厂 2020 年 8 月份的利润表

会计分录如下。

(1) 借: 银行存款   58.5
    贷: 主营业务收入   50
        应交税费——应交增值税(销项税额)   8.5

(2) 借: 生产成本   12
      制造费用   6
      管理费用   1
      销售费用   3
    贷: 应付职工薪酬   22

(3) 借: 管理费用   2
    贷: 银行存款   2

(4) 借：制造费用   6

     管理费用   3

       贷：累计折旧   9

(5) 借：销售费用   2

     财务费用   2

       贷：银行存款   4

(6) 借：营业税金及附加   5.5

       贷：应交税费——应交城市建设维护税   5

         应交税费——应交教育费附加   0.5

(7) 借：主营业务成本   22.5

       贷：库存商品   22.5

(8) 借：所得税费用   5

       贷：应交税费——应交所得税   5

(9) 借：主营业务收入   50

       贷：本年利润   50

     借：本年利润   46

       贷：主营业务成本   22.5

         营业税金及附加   5.5

         销售费用   5

         管理费用   6

         财务费用   2

         所得税费用   5

编制大洋工厂 2020 年 8 月份利润表如表 6.20 所示。

表 6.20 利润表   会企 02 表

编制单位：大洋工厂   2020 年 8 月   单位：元

项　目	本 月 数	本年累计数
一、营业收入	50	466
减：营业成本	22.5	292.5
营业税金及附加	5.5	20.5
销售费用	5	19
管理费用	6	27
财务费用	2	14
资产减值损失		
加：公允价值变动收益(损失以"－"号填列)		
投资收益(损失以"－"号填列)		22
二、营业利润(亏损以"－"号填列)	9	115

（续表）

项　　目	本　月　数	本年累计数
加：营业外收入		5
减：营业外支出		2
三、利润总额(亏损总额以"－"号填列)	9	118
减：所得税费用	5	47
四、净利润(净亏损以"－"号填列)	4	71

【课后练习】

一、单选题

1. 各种账务处理程序的主要区别，在于(　　)的依据和方法不同。
　　A. 填制记账凭证　　　　　　　　　B. 登记总账
　　C. 登记明细账　　　　　　　　　　D. 编制会计报表

2. 会计工作中最基本的账务处理程序，是(　　)账务处理程序。
　　A. 记账凭证　　　　　　　　　　　B. 科目汇总表
　　C. 汇总记账凭证　　　　　　　　　D. 原始凭证

3. 汇总原始凭证是根据(　　)编制的。
　　A. 记账凭证　　B. 科目汇总表　　C. 原始凭证　　D. 转账凭证

4. 科目汇总表是根据(　　)编制的。
　　A. 记账凭证　　B. 总分类账　　C. 原始凭证　　D. 原始凭证汇总表

5. 记账凭证账务处理程序下，总分类账采用的格式是(　　)。
　　A. 三栏式　　　B. 多栏式　　　C. 数量金额式　　D. 平行式

6. 科目汇总表中不反映科目的(　　)。
　　A. 期初余额　　　　　　　　　　　B. 本期发生额
　　C. 本期借方发生额　　　　　　　　D. 本期贷方发生额

7. 记账凭证账务处理程序和科目汇总表账务处理程序的不同点，是(　　)的依据不同。
　　A. 填制记账凭证　　　　　　　　　B. 登记明细分类账
　　C. 登记总分类账　　　　　　　　　D. 编制会计报表

8. 资产负债表中资产项目按(　　)强弱确定排列顺序。
　　A. 连续性　　　B. 流动性　　　C. 永久性　　　D. 重要性

9. 资产负债表是根据(　　)会计等式设计的。
　　A. 资产＝负债＋所有者权益　　　　B. 资产＝负债－所有者权益
　　C. 利润＝收入－费用　　　　　　　D. 资产＝所有者权益

10. 资产负债表主要提供企业月末(　　)的资料。

    A. 财务状况   B. 经营成果   C. 现金流量   D. 利润总额

11. 下列不属于资产负债表中所有者权益项目的是(　　)。

    A. 实收资本   B. 资本公积   C. 盈余公积   D. 投资收益

12. 下列不属于利润表中项目内容的是(　　)。

    A. 营业收入   B. 营业成本

    C. 营业外收入   D. 未分配利润

13. 资产负债表"期末余额"栏各项数字,应根据有关账户的(　　)填列。

    A. 期初余额   B. 期末余额

    C. 本期借方发生额   D. 本期贷方发生额

14. 利润表中各项目,主要根据(　　)账户的发生额分析填列。

    A. 资产类   B. 负债类

    C. 所有者权益类   D. 损益类

15. 资产负债表是反映企业在(　　)财务状况的会计报表。

    A. 某一特定时期   B. 某一特定会计期间

    C. 一定时间   D. 某一特定日期

16. 根据"收入-费用=利润"填列的会计报表是(　　)。

    A. 资产负债表   B. 损益表

    C. 现金流量表   D. 所有者权益变动表

17. 科目汇总表的主要缺点是不能反映出(　　)。

    A. 借方发生额   B. 贷方发生额

    C. 借方和贷方发生额   D. 科目对应关系

18. 编制资产负债表中应付账款项目时,应考虑(　　)的期末余额。

    A. "应付账款"总账户

    B. "应付账款"各明细账户

    C. "应付账款"各明细账户与"预付账款"各明细账户

    D. "应付账款"与"预付账款"总账户

19. 下列不属于资产负债表中"存货"项目的是(　　)。

    A. 原材料   B. 库存商品   C. 生产成本   D. 在建工程

20. 如果企业月末"固定资产"账户余额为 100 万元,"累计折旧"账户余额为 40 万元,则月末资产负债表中固定资产项目填列的金额为(　　)万元。

    A. 100   B. 60   C. 140   D. 40

二、多选题

1. 记账凭证账务处理程序下,需要设置的账簿有(　　)。

    A. 现金日记账   B. 银行存款日记账

    C. 总分类账   D. 明细分类账

2. 记账凭证账务处理程序和科目汇总表账务处理程序的共同点包括(　　)的依据相同。

    A. 填制记账凭证   B. 登记明细分类账

C. 登记总分类账　　　　　　　　　　　D. 编制会计报表

3. 在不同的账务处理程序下，登记总分类账的依据可以是(　　)。

A. 记账凭证　　　　　　　　　　　　B. 科目汇总表

C. 原始凭证　　　　　　　　　　　　D. 资产负债表

4. 登记库存现金日记账的依据可以是(　　)。

A. 收款凭证　　　B. 付款凭证　　　C. 转账凭证　　　D. 原始凭证

5. 记账凭证账务处理程序下，应根据核对无误的(　　)中的有关数据，编制会计报表。

A. 记账凭证　　　B. 科目汇总表　　C. 总分类账　　　D. 明细分类账

6. 在不同的账务处理程序下，编制记账凭证的依据可以是(　　)。

A. 收款凭证　　　B. 付款凭证　　　C. 原始凭证　　　D. 汇总原始凭证

7. 资产负债表中，根据有关明细账余额分析填列的项目有(　　)。

A. 应收账款　　　B. 预付账款　　　C. 应付账款　　　D. 预收账款

8. 资产负债表中的流动资产项目包括(　　)。

A. 货币资金　　　B. 应收账款　　　C. 存货　　　　　D. 固定资产

9. 资产负债表中的非流动资产项目包括(　　)。

A. 其他应收款　　B. 固定资产　　　C. 无形资产　　　D. 在建工程

10. 资产负债表中的流动负债项目包括(　　)。

A. 短期借款　　　B. 应付账款　　　C. 应付职工薪酬　D. 应交税费

11. 下列项目影响利润表中营业利润的有(　　)。

A. 营业税金及附加　　　　　　　　　B. 销售费用

C. 管理费用　　　　　　　　　　　　D. 财务费用

12. 利润表的内容通常有(　　)。

A. 营业利润　　　B. 利润总额　　　C. 资产总额　　　D. 净利润

13. 下列各项，影响企业营业利润的项目是(　　)。

A. 销售费用　　　B. 管理费用　　　C. 投资收益　　　D. 所得税费用

14. 我国企业的利润表采用多步式，分步计算的利润指标有(　　)等。

A. 营业利润　　　B. 利润总额　　　C. 净利润　　　　D. 其他业务利润

15. 科目汇总表账务处理程序一般适用于(　　)的企业。

A. 规模较大　　　B. 规模较小　　　C. 经济业务较多　D. 经济业务较少

16. 记账凭证账务处理程序的优点有(　　)。

A. 登记总分类账的工作量较小

B. 账务处理程序简单明了，易于理解

C. 总分类账登记详细，便于查账. 对账

D. 适用于规模大. 业务量多的大中型企业

17. (　　)统称为中期报表。

A. 月度报表　　　B. 季度报表　　　C. 半年度报表　　D. 年度报表

18. 资产负债表中的"货币资金"项目的期末数，应根据(　　)账户期末余额的合计

数填列。

  A. 其他应收款 B. 库存现金 C. 其他货币资金 D. 银行存款

三、填空题

1. 账务处理程序，也称_____、_____或_____，是指_____、_____和_____相结合的方式，即从填制审核_____开始，到_____并据以编制_____的处理程序。

2. 目前各单位一般采用的账务处理程序有_____和_____。

3. 记账凭证账务处理程序的主要特点是，直接根据_____逐笔登记_____。它适用于_____、_____记账凭证不多的单位。

4. 科目汇总表账务处理程序又称_____账务处理程序，其特点是定期将所有的_____按会计科目进行汇总，编制成_____再据以登记_____。它一般适用于_____、_____的大中型企业单位。

5. 记账凭证账务处理程序下，应根据_____、_____及所附的原始凭证逐日逐笔登记现金日记账和银行存款日记账。

6. 记账凭证账务处理程序下，应根据原始凭证或_____及各种_____登记各种明细账。

7. 科目汇总表账务处理程序下，企业在月终，应根据核对无误的_____和各种_____的有关数据，编制会计报表。

8. 科目汇总表内，全部账户_____合计数必须与全部账户_____合计数相等。

9. 财务报表是综合反映企业_____、_____和_____的书面文件，主要包括_____、_____及_____。

10. 财务报表按所反映的经济内容不同，分为_____、_____和_____。

11. 财务报表按编报的时间不同，分为_____和_____。中期财务报表主要包括_____、_____和_____。

12. 资产负债表是反映企业在某一特定日期_____的报表，属于_____报表，主要反映_____、_____、_____三大内容。

13. 资产负债表左方资产项目分为_____和_____两大类别。右方负债项目分为_____和_____两大类别。

14. 利润表是反映企业在一定会计期间_____的报表，属于_____报表。

15. 利润表中的营业收入包括_____和_____，营业成本包括_____和_____。

16. 利润表中的净利润是_____减去_____后的数额。

17. 资产负债表中"未分配利润"项目应根据_____和_____账户分析填列。

18. 资产负债表左边的_____与报表右边的_____应保持平衡关系。

四、判断题

1. 记账凭证账务处理程序适用于规模大、经济业务较多的企业。 （ ）

2. 科目汇总表内的全部账户借方发生额合计数，必须与全部账户贷方发生额合计数相等。 （ ）

3. 记账凭证账务处理程序与汇总记账凭证账务处理程序的区别，是登记明细账的依据不同。 （ ）

4. 区分各种账务处理程序的主要标志在于编制会计报表的依据和方法不同。

（ ）

5. 定期编制科目汇总表，是组织科目汇总表账务处理程序的关键。 （ ）

6. 科目汇总表账务处理程序的缺点是登记总分类账的工作量较大。 （ ）

7. 记账凭证可以登记明细账，但不能登记总账。 （ ）

8. 资产负债表中的资产项目，按资产的变现速度或流动性强弱由弱到强排列。

（ ）

9. 资产负债表中的负债项目，按负债偿还期长短由短至长排列。 （ ）

10. 我国企业的资产负债表采用账户式结构，利润表采用多步式格式。 （ ）

11. 资产负债表是一种静态财务报表，利润表是一种动态财务报表。 （ ）

12. 资产负债表的左方资产合计与右方负债合计是相等的。 （ ）

13. 通过利润表可以反映企业月末、季末、年末财务状况和现金流量。 （ ）

14. 利润表中的利润总额是营业收入减去营业成本后的余额。 （ ）

15. 利润表中的"营业税金及附加"项目不包括增值税和所得税。 （ ）

16. 亏损企业发生的亏损，在利润表中通过"营业外支出"项目反映。 （ ）

17. 科目汇总表账务处理程序能科学地反映账户的对应关系，且便于账目核对。

（ ）

18. 在科目汇总表账务处理程序下，总分类账必须逐日逐笔登记。 （ ）

19. 增值税应在利润表的营业税金及附加项目中反映。 （ ）

20. 利润表中的"本月数"即本月实际发生数，它不包括上月数。 （ ）

五、计算分录题

1. 某企业 2020 年 1 月 31 日有关账户余额如表 6.21 所示。

表 6.21 某企业 2020 年 1 月 31 日账户余额

单位：元

资　　产	借方余额	权　　益	贷方余额
库存现金	1 800	短期借款	42 000
银行存款	26 000	应付账款	8 000
应收账款	33 000	应交税费	5 000
原材料	20 000	长期借款	24 000
库存商品	20 000	实收资本	250 000
固定资产	200 000	盈余公积	19 800
在途物资	8 000	累计折旧	5 000
在建工程	50 000	利润分配	5 000
	358 800		358 800

要求：

(1) 计算企业资产负债表中的货币资金、存货、流动资产、非流动资产、资产总额；

(2) 计算企业的流动负债、非流动负债、负债总额、所有者权益总额。

2. 某企业 2020 年 1 月损益类账户本月发生额如下。主营业务收入 1 250 000 元、主营业务成本 750 000 元、营业税金及附加 2 000 元、其他业务收入 3 000 元、其他业务成本 1 500 元、销售费用 20 000 元、管理费用 158 000 元、财务费用 41 500 元、营业外收入 25 000 元、营业外支出 24 000 元、所得税费用 58 000 元。

要求：

(1) 计算利润表中下列项目的金额：营业收入、营业成本、营业利润、利润总额和净利润。

(2) 编制该企业 2020 年 1 月的利润表。

3. 华中电机有限公司为增值税一般纳税人，适用增值税税率为 17%。2020 年 5 月份发生下列经济业务：

(1) 销售给振业有限公司 A 产品 100 件，单价 600 元，B 产品 50 件，单价 400 元，价税款收到存入银行；

(2) 销售给利华股份有限公司 B 产品 30 件，单价 400 元，价税款尚未收到；

(3) 以银行存款支付广告费 10 000 元；

(4) 以银行存款支付办公用品费 2 000 元；

(5) 结转本月销售产品的成本，A 产品的单位成本为 320 元，B 产品的单位成本为 196 元；

(6) 计提本月应交的城市建设维护税 490 元，应交的教育费附加 210 元；

(7) 应付蓝光有限公司的账款 2 400 元，因对方机构撤销确实无法支付，经批准备列入营业外收入；

(8) 由于自然灾害造成的丁材料损失 1 000 元，经批准转入营业外支出。

要求：

(1) 根据上述业务编制会计分录(包括将损益类账户结转至"本年利润"账户)；

(2) 计算本月营业利润、利润总额；

(3) 计算并结转当期应交的所得税费用(所得税税率为 25%)；

(4) 编制华中电机有限公司 2020 年 5 月份的利润表。

4. 大华工厂 2020 年 1 月份各项资料如下。

资料一：2020 年 1 月初各账户期初余额如表 6.22 所示。

表 6.22   2020 年 1 月初大华工厂账户期初余额

单位：元

科　　目	借方金额	贷方金额
库存现金	3 800	
银行存款	25 000	
应收账款	98 000	

(续表)

科 目	借方金额	贷方金额
原材料	45 000	
库存商品	40 000	
固定资产	210 800	
累计折旧		38 000
短期借款		50 000
应付账款		38 000
应付职工薪酬		800
应交税费		7 000
应付利息		800
实收资本		200 000
资本公积		30 000
盈余公积		48 000
利润分配		10 000
合 计	422 600	422 600

资料二: 2020年1月初大华工厂各明细账户余额如下。

原材料——甲材料:期初结存300吨,单价100元,金额30 000元

原材料——乙材料:期初结存5000千克,单价3元,金额15 000元

库存商品——A产品:期初库存250件,总成本25 000元

库存商品——B产品:期初库存100件,总成本15 800元

资料三: 2020年1月份大华工厂发生下列各项经济业务:

(1) 2日,收到华光工厂还来前欠货款88 000元,存入银行;

(2) 2日,仓库发出甲材料10吨,其中:A产品耗用4吨,B产品耗用4吨,车间耗用2吨(材料按实际成本计算,下同);

(3) 3日,仓库发出乙材料2 000千克,全部用于A产品生产;

(4) 4日,购进甲材料20吨,价款总计2 000元,增值税税额为340元,全部用银行存款支付,材料验收入库;

(5) 5日,开转账支票支付税金7 800元;

(6) 6日,开出转账支票40 000元,归还短期借款;

(7) 7日,购进乙材料1 000千克,价款为3 000元,应付增值税税额为510元,货款及税金以银行存款支付;

(8) 8日,7日所购乙材料验收入库,结转其实际采购成本;

(9) 9日,以银行存款归还前欠大明工厂货款28 000元;

(10) 9日,以现金购入车间劳保用品800元投入使用;

(11) 9 日，发出甲材料 100 吨，其中：生产 A 产品耗用 20 吨，生产 B 产品耗用 70 吨，车间一般消耗 10 吨；

(12) 9 日，销售 A 产品 150 件，单价 180 元，总计 27 000 元，应交增值税销项税额为 4 590 元，全部收到，存入银行；

(13) 9 日，以银行存款 2 000 元支付 B 产品广告费；

(14) 9 日，以现金 400 元支付 A 产品的运杂费；

(15) 9 日，销售 B 产品 100 件，单价 250 元，总计 25 000 元，应交增值税销项税额为 4 250 元，全部收到存入银行；

(16) 10 日，用银行存款购进一台不需安装的机器，价款为 20 000 元，当即交付使用；

(17) 10 日，从银行提取现金 62 000 元，以备发放职工工资；

(18) 10 日，以现金 62 000 元发放职工工资；

(19) 11 日，以现金 160 元支付车间办公用品费；

(20) 11 日，销售 A 产品 50 件，单价 180 元，总计 9 000 元，应交增值税销项税额为 1 530 元，款收到存入银行；

(21) 12 日，开出支票 1 200 元偿还前欠货款；

(22) 12 日，购进乙材料 1 000 千克，价款 3 000 元，增值税税额为 510 元，以银行存款支付，材料尚在运输途中；

(23) 13 日，开出现金支票 300 元提取现金。

(24) 14 日，销售 A 产品 50 件，单价 180 元，总计 9 000 元，应交增值税销项税额 1530 元，款收到存入银行；

(25) 18 日，12 日所购乙材料 1 000 千克验收入库，结转其实际采购成本；

(26) 19 日，以现金支付行政人员王平出差预借差旅费 400 元；

(27) 26 日，王平出差归来，报销差旅费 360 元，余款退回现金；

(28) 31 日，结算本月份工资，其中生产 A 产品工人工资 25 000 元，生产 B 产品工人工资 25 000 元，车间管理人员工资 5 000 元，企业管理部门人员工资 5 000 元；

(29) 31 日，按工资总额的 12%计提社会保险费；

(30) 31 日，计算本月份电费，A 产品用 2 000 元，B 产品用 1800 元，车间照明用 256 元，行政管理部门照明用 200 元，款未付；

(31) 31 日，分配本月水费，车间用 108 元，行政管理部门用 260 元，款项未付；

(32) 31 日，计提本月固定资产折旧，车间固定资产应提 1 880 元，厂部固定资产应提 1 200 元；

(33) 31 日，分配并结转本月制造费用(按生产工人工资比例分配)；

(34) 31 日，本月投入生产 A 产品 440 件，B 产品 265 件，已全部完工，结转完工产品的制造成本；

(35) 31 日，结转已销 A 产品 250 件，B 产品 100 件的实际销售成本(按加权平均法计算，单价四舍五入保留 4 位小数)；

(36) 31 日，收到某厂交来罚款 400 元存入银行；

(37) 31 日，结转有关损益类账户；

(38) 31 日，按 25% 的所得税税率计算结转本月应交的所得税；

(39) 31 日，按净利润的 15% 提取盈余公积；

(40) 31 日，向投资者分配利润 5 000 元，尚未支付；

要求：

(1) 根据上述经济业务，编制会计分录；

(2) 编制科目汇总表(每 10 天汇总一次)；

(3) 登记银行存款日记账；

(4) 根据科目汇总表登记原材料、应收账款、应付账款、银行存款、生产成本的总分类账；

(5) 登记原材料、生产成本的明细账；

(6) 编制大华工厂 2020 年 1 月份的资产负债表；

(7) 编制大华工厂 2020 年 1 月份的利润表。

综合训练

一、单选题

1. 下列业务，能使企业资产总额增加的是(　　)。
   A. 以存款购买固定资产　　　　　　　B. 收回应收账款存入银行
   C. 购买材料尚未付款　　　　　　　　D. 以存款偿还前欠货款

2. "在途物资"账户的期末借方余额表示(　　)的成本。
   A. 入库材料　　　B. 发出材料　　　C. 期末库存材料　　　D. 在途材料

3. 根据财产清查结果调整账簿记录的主要目的是(　　)。
   A. 更改错账　　　B. 保证账实相符　　　C. 明确经济责任　　　D. 保证账证相符

4. 科目汇总表账务处理程序的特点是先根据记账凭证(　　)，再据以登记总分类账。
   A. 编制汇总原始凭证　　　　　　　　B. 登记日记账
   C. 编制科目汇总表　　　　　　　　　D. 编制会计报表

5. 总分类账户只采用(　　)计量单位进行登记。
   A. 货币　　　B. 实物　　　C. 数量　　　D. 劳动

6. 会计凭证分为原始凭证和记账凭证两大类的依据是(　　)。
   A. 凭证的种类和格式不同　　　　　　B. 编制的程序和用途不同
   C. 取得来源和填制手续不同　　　　　D. 登记总账的依据和方法不同

7. 资产负债表是反映企业在(　　)的财务状况的会计报表。
   A. 某一特定日期　　　　　　　　　　B. 一定会计期间
   C. 一定时期内　　　　　　　　　　　D. 某一期间内

8. 明细分类账户的登记依据不能是(　　)。
   A. 原始凭证　　　B. 汇总原始凭证　　　C. 科目汇总表　　　D. 记账凭证

9. "应交税费"账户的期末贷方余额，反映企业(　　)的税费。
   A. 已经交纳　　　B. 尚未交纳　　　C. 多交　　　D. 尚未抵扣

10. 下列业务会引起企业的资产和负债同时增加的有(　　)。
    A. 以银行存款购买原材料　　　　　　B. 以现金发放职工工资

C. 借入短期借款存入银行　　　　D. 以银行存款归还长期借款

二、多选题

1. 会计要素中的资产，具有的特征包括(　　)。
   A. 预期会给企业带来经济利益
   B. 应为企业拥有或控制的资源
   C. 预期会导致经济利益流出企业
   D. 由企业过去的交易或事项形成

2. 下列账户的金额，会影响利润表中"营业利润"项目金额的有(　　)。
   A. 销售费用　　B. 资产减值损失　　C. 营业外支出　　D. 所得税费用

3. 下列项目属于企业流动资产的有(　　)。
   A. 在途物资　　B. 在建工程　　C. 库存商品　　D. 预付账款

4. 下列项目属于资产负债表项目的有(　　)。
   A. 营业收入　　B. 应交税费　　C. 营业成本　　D. 长期借款

5. 在借贷记账法下，账户的借方反映(　　)。
   A. 负债的减少　　　　　　　　B. 成本费用增加
   C. 所有者权益减少　　　　　　D. 收入减少

6. 对"本年利润"账户期末余额的说法，正确的有(　　)。
   A. 贷方余额为当期实现的净利润
   B. 借方余额为当期发生的净亏损
   C. 贷方余额反映企业的未分配利润
   D. 借方余额反映企业的未弥补亏损

7. 下列账户的期末余额，不能结转到"本年利润"账户的有(　　)。
   A. 待处理财产损溢　　　　　　B. 制造费用
   C. 应付职工薪酬　　　　　　　D. 投资收益

8. 企业计提固定资产折旧时，可能涉及的会计科目有(　　)。
   A. 在建工程　　B. 管理费用　　C. 累计折旧　　D. 固定资产

9. 下列各项中，对企业营业利润产生影响的有(　　)。
   A. 主营业务收入　　　　　　　B. 主营业务成本
   C. 营业外收入　　　　　　　　D. 营业外支出

10. 下列不属于成本类会计科目的有(　　)。
    A. 生产成本　　　　　　　　　B. 制造费用
    C. 管理费用　　　　　　　　　D. 主营业务成本

三、判断题

1. 设置账户是进行会计核算的准备工作，复式记账是会计核算所使用的特有方法。
   (　　)

2. 会计报表包括原始凭证汇总表、科目汇总表和试算平衡表。　　(　　)

3. 收入会导致所有者权益增加，费用会导致所有者权益减少。　　(　　)

4. 复式记账是对发生的每一项经济业务，一方面记入总账，另一方面记入明细账。
（　　）

5. 借贷记账法的余额试算平衡公式是：资产类账户借方余额合计=负债类账户贷方余额合计。（　　）

6. 收入是企业在日常活动中形成的，费用是企业在非日常活动中发生的。（　　）

7. 账户的发生额属于动态指标，账户的余额属于静态指标。（　　）

8. 每一个一级科目下都应设置二级科目和明细科目。（　　）

9. 10月31日"本年利润"账户的贷方余额，表示10月份未分配利润。（　　）

10. 企业应付给投资者的利润，在"管理费用"账户核算。（　　）

四、简答题

1. 记账凭证账务处理程序和科目汇总表账务处理程序有哪些相同的记账程序？

2. 在永续盘存制和实地盘存制下，财产物资在账簿中的记录方法有何不同？

五、会计实务题

1. 根据某企业2009年3月份经济业务，编制会计分录。

(1) 购进甲材料3 000千克，单价4元，总金额为12 000元，增值税税额为2 040元，材料运杂费400元，全部款项以存款支付，材料已验收入库。

(2) 以银行存款归还短期借款本金80 000元及利息2 000元(原未预提)。

(3) 领用原材料46 700元，其中生产产品领用44 600元，车间一般耗用2 100元。

(4) 计提本月生产车间用固定资产的折旧2800元，记账凭证中会计分录为借记制造费用8 200元，贷记固定资产8 200元，并已入账，予以进行错账更正。

(5) 本月生产A、B两种产品，共发生制造费用39 200元，按生产工人工时(A产品工时6 000小时，B产品工时8 000小时)比例分配结转制造费用。

(6) 本月生产A产品900件，已全部生产完工，验收入库，结转其实际生产成本98 750元。

(7) 以银行存款支付本月水电费2 900元，以现金支付广告费800元。

(8) 销售产品一批，售价为75 000元，增值税税额为12 750元，款项收回50 000元存入银行，其余尚未收到。

(9) 企业一笔应收账款3 200元确实无法收回，经批准冲减坏账准备；另一笔应付账款1800元确实无法支付，经批准转账。

(10) 月末进行财产清查，发现短缺设备一台，其账面原价5 700元，已提折旧4 100元，原因待查。

(11) 月末将本月发生的主营业务收入965 000元和主营业务成本638 000元，结转"本年利润"账户。

2. 某企业采用月末一次加权平均法计算存货成本，某材料月初结存200件，每件成本40元，本月购进800件，每件成本42元，本月发出材料700件，月末结存材料300件。

要求：计算加权平均单价、本月发出材料的成本和月末库存材料的成本。

3. 某企业本月末银行存款日记账余额84 700元，经与银行对账单核对发现有3笔未达账项：银行已收企业未收的款项 4 500 元；银行已付企业未付的款项 5 300 元；企业已付银行未付的款项 8 100 元。

要求：计算调节后企业的银行存款日记账余额。

4. 某企业 2020 年 3 月份利润表中营业收入 320 万元，营业成本 224 万元，销售费用 7 万元，管理费用 9 万元，资产减值损失 2 万元，营业外收入 1 万元，营业外支出 3 万元，所得税费用 25 万元。

要求：计算利润表中下列项目的金额：营业利润；利润总额；净利润。

5. 根据下列经济业务作出会计分录。

(1) 以银行存款支付前欠 A 单位货款 52 000 元，交纳上月未交增值税 61 500 元。

(2) 购进甲、乙两种材料(甲材料 800 千克，乙材料 1200 千克)，共以存款支付材料运费 600 元，以材料重量为标准分配结转材料运费。

(3) 分配本月应付职工工资 82 700 元，其中生产工人工资 64 100 元，厂部管理人员工资 13 800 元，销售部门人员工资 4 800 元。

(4) 预提本月短期借款利息 2 300 元，记账凭证中会计分录为：借记财务费用 3200 元，贷记短期借款 3 200 元，并已入账。予以进行错账更正。

(5) 销售 A 产品 1 200 件，每件售价 45 元，增值税税额为 54 000 元，价款及税款收回 60%存入银行，其余尚未收到。

(6) 本月销售 A 产品 1 200 件，单位成本 32 元，结转已售产品的成本。

(7) 以现金支付厂部办公费 855 元，预借厂领导差旅费 900 元。

(8) 向银行分别借入 9 个月期借款 50 000 元和两年期借款 80 000 元，并存入开户行。

(9) 月末盘点材料，盘盈甲材料 100 千克，单位成本 12 元，盘亏乙材料 200 千克，单位成本 8 元，原因待查。

10)计提本期应交的所得税费用 54 470 元，并在期末将其结转"本年利润"账户。

(11) 从净利润中提取法定盈余公积 11 060 元。

6. 张三和李四合伙开设一个小型加工厂，生产甲产品。张三出资一间营业用房，价值 12 万元，李四出资货币资金 18 万元已存入银行。随后加工厂向丙工厂购入了 A 材料 5 万元，支付货款 4 万元，尚欠 1 万元。请根据以上资料回答下列问题。

(1) 对发生的上述业务应开设(   )账户进行会计核算。

A. 固定资产   B. 银行存款   C. 实收资本   D. 应付账款

(2) "应付账款"科目应设置的明细科目是(   )。

A. 张三   B. 李四   C. 丙工厂   D. A 材料

(3) "原材料"总分类账户的账页格式是(   )。

A. 三栏式   B. 多栏式   C. 数量金额式   D. 两栏式

(4) 设置的"银行存款日记账"应采用的外表形式是(   )。

A. 订本式   B. 活页式   C. 卡片式   D. 联合式

(5) 生产甲产品发生的下列费用可以记入甲产品生产成本的有(   )。

A. 直接材料   B. 直接人工   C. 广告费用   D. 利息费用

(6) "生产成本"账户的期末余额反映企业(   )。

A. 购进材料的成本 B. 完工产品成本

C. 在产品成本   D. 已销产品成本

(7) 对现金进行清查一般采用的方法是( )。

A. 实地盘点法   B. 核对账目法   C. 技术推算法   D. 抽样盘点法

(8) 如果生产出的甲产品对外销售，并结转销售成本，其会计分录涉及的会计科目有( )。

A. 主营业务收入   B. 营业外收入   C. 主营业务成本   D. 库存商品

(9) "实收资本"科目应设置的明细科目是( )。

A. 张三   B. 李四   C. 营业用房   D. 货币资金

7. 甲企业2020年4月初有关账户余额如附表1.5所示(见表中期初余额栏)。

本月发生下列业务(会计分录略):

(1) 收回应收账款54 000元，存入银行；

(2) 以银行存款70 000元归还短期借款；

(3) 以银行存款23 000元交纳应交税金；

(4) 收到投资者投入资金90 000元，存入银行；

(5) 以银行存款50 000元偿还应付账款。

要求：编制甲企业2020年4月30日试算平衡表(完成附表1)。

附表1 试算平衡表

2020年4月30日

单位：元

会计科目	期初余额		本期发生额		期末余额	
	借　方	贷　方	借　方	贷　方	借　方	贷　方
银行存款	831 000					
应收账款	68 000					
短期借款		30 000				
应付账款		54 000				
应交税费		33 000				
实收资本		782 000				
合　　计	899 000	899 000				

六、企业基本经济业务核算

1. 某工业企业为增值税一般纳税人，2020年发生下列经济业务，要求据此编制年度内有关会计分录。

(1) 1月3日，从银行取得借款700 000元，期限3个月，月息为0.6%，预提1月份、2月份利息，到期一次还本付息。

(2) 1月20日，购入A材料一批，买价为85 100元，运杂费为1 300元，增值税税额为14 467元，款项以存款支付，材料尚未运到(通过"在途物资"账户)。

(3) 2月4日，购入的上项A材料，成本86 400元，已验收入库。

(4) 3月1日，以存款支付购买固定资产(不需安装)的价款9 200元。

(5) 4月30日，生产产品领用材料72 000元，车间一般消耗材料9 000元，厂部管理部门领用材料5 000元。

(6) 5月31日，分配结转本月生产工人工资47 600元，并计提其社会保险费3 804元。

(7) 7月2日，销售产品一批，售价为380 000元，增值税税额为64 600元，款项收到存入银行。

(8) 8月5日，销售原材料一批，售价为15 000元，增值税税额为2 550元，款项尚未收到。

(9) 8月31日，结转本月产品销售成本230 000元和材料销售成本13 000元。

(10) 9月1日，以存款支付广告费23 000元及罚款支出3 000元。

(11) 12月31日，计提产品销售应交纳的消费税8 200元，城市建设维护税650元。

(12) 12月31日，计提本年应交的所得税94 700元，并用存款缴纳所得税94 700元。

2. 假定某企业12月31日各损益类账户年末余额(全年发生额)为：主营业务收入895 000元，其他业务收入35 000元，营业外收入50 000元，主营业务成本525 000元，营业税金及附加15 000元，其他业务成本30 000元，销售费用26 000元，管理费用44 000元，财务费用32 000元，营业外支出8 000元，企业所得税税率为25%，没有纳税调整因素。

要求：计算企业的营业利润、利润总额、应交所得税、净利润，并作计提所得税费用和将全部损益结转到"本年利润"账户的会计分录。

3. 12月31日，按第2题资料结转全年净利润至"利润分配"账户。

4. 12月31日，按第2题资料根据本年净利润的10%提取法定盈余公积。

5. 某企业本年实现净利润58 150元，按净利润10%提取法定盈余公积金，应分配给股东的现金股利11 000元。

要求：作以下相关的会计分录，即结转本年净利润(即将本年利润余额转入利润分配账户)；提取法定盈余公积；分配应付现金股利或利润。

6. 某企业某月结账前发现以下错误，采用适当的更正方法进行更正。

(1) 生产甲产品领用A材料8 900元。记账凭证上分录为

借：制造费用——甲产品   8 900

    贷：原材料——A材料   8 900

并据已登记入账。

(2) 以现金支付差旅费425元，记账凭证上会计分录正确，但在登记库存现金日记账时误将贷方金额425元记为245元。

(3) 生产乙产品领用B材料6 500元。记账凭证上分录为：

借：生产成本——乙产品   5 600

    贷：原材料——B材料   5 600

并据已登记入账。

(4) 计提短期借款利息3 600元。记账凭证上分录为：

借：财务费用——利息　　　　　　　　　　　　　　　　　3 900
　　贷：应付利息　　　　　　　　　　　　　　　　　　　　　　　3 900
并据已登记入账。

7. 某企业在财产清查中发现下列事项，分别绘制发生时(处理前)和批准后转销的会计分录。

(1) 盘盈甲材料 20 千克，单价 30 元，计 600 元。以后查明为收发计量差错，经批准转销。

(2) 库存现金清查发现实存数为 1 930 元，而现金日记账账面余额为 1 910 元。以后经批准转作营业外收入。

(3) 清查中发现短缺设备一台，其账面原价 18 500 元，已提折旧 16 000 元。以后经批准转作营业外支出。

(4) 盘亏丙材料 30 千克，单价 15 元，计 450 元。以后查明为收发计量造成短少，经批准转销。

(5) 库存现金清查盘点发现短缺 105 元。以后经批准由出纳人员负责赔偿。

(6) A 材料账面结存 50 个，单位成本 12 元，盘点实存 30 个。以后查明短缺 20 个为非常损性失，经批准转销。

七、账户试算平衡表、资产负债表和利润表编制

假定××市光华工厂 2020 年 11 月各资产、权益账户的期初余额如附表 2 所示。

该工厂 2020 年 11 月份发生下列经济业务。

(1) 购买材料一批，买价为 20 000 元，增值税税额为 3 400 元，款项以存款支付 15 000 元，其余款项 8 400 元尚未支付，材料验收入库。

(2) 生产产品向仓库领用原材料 35 000 元。

附表 2　2020 年 11 月光华工厂账户期初余额

单位：元

资产账户	借方余额	权益账户	贷方余额
库存现金	1 000	短期借款	62 000
银行存款	13 5000	应付账款	8 000
应收账款	10 000	应交税费	3 000
原材料	80 000	长期借款	57 000
生产成本	40 000	实收资本	700 000
库存商品	64 000	本年利润	20 000
固定资产	680 000	利润分配	80 000
累计折旧	-80 000		
总　　计	930 000	总　　计	930 000

(3) 以存款购买一项固定资产，价值 29 000 元。

(4) 收到某投资者投入资本 80 000 元，存入银行；收到上月应收账款 6 000 元存入银行。

(5) 分配本月应付生产工人工资 23 800 元，应付企业管理人员工资 5 800 元。

(6) 从银行存款中提取现金 30 600 元。

(7) 以现金实际支付生产工人和管理人员的工资 29 600 元。

(8) 以现金支付零星管理费用 500 元。

(9) 以存款支付上月应付账款 4 500 元，交纳上月应交税金 3 000 元。

(10) 本月生产一批产品完工，结转其实际生产成本 59 800 元。

(11) 计提企业管理部门固定资产折旧 2 300 元。

(12) 销售产品一批，售价为 65 000 元，增值税税额为 11 050 元，款项收到 60 000 元存入银行，其余款项 16 050 元尚未收到。

(13) 结转已销产品的销售成本 33 500 元。

(14) 计提本月应交纳的销售税金 4 800 元。

(15) 以存款支付本月管理费用 5 180 元，销售费用 6 220 元，财务费用 1 200 元。

(16) 取得营业外收入 900 元收取现金；另以现金 800 元支付营业外支出。

(17) 计算本月利润总额，按本月利润总额 5 600 元的 25% 计提应交所得税。

(18) 以存款归还到期的短期借款 30 000 元，长期借款 20 000 元。

(19) 月末将本月发生的各项损益，结转"本年利润"账户。

要求：

(1) 根据上述资料，编制会计分录。

(2) 开设各账户(在草稿纸上用"T"形账户)登记月初余额、本月发生额、结计月末余额，编制下列账户试算平衡表(见附表 3)。

附表 3　账户试算平衡表

2020 年 11 月 30 日　　　　　　　　　　　　　　单位：元

会计科目	期初余额		本期发生额		期末余额	
	借　方	贷　方	借　方	贷　方	借　方	贷　方
库存现金						
银行存款						
应收账款						
原材料						
生产成本						
库存商品						
固定资产						
累计折旧						
短期借款						
应付账款						
应交税费						

(续表)

会计科目	期初余额		本期发生额		期末余额	
	借　方	贷　方	借　方	贷　方	借　方	贷　方
应付职工薪酬						
长期借款						
实收资本						
本年利润						
利润分配						
主营业务收入						
主营业务成本						
营业税金及附加						
销售费用						
管理费用						
财务费用						
营业外收入						
营业外支出						
所得税费用						
合　　计						

(3) 根据上列账户试算平衡表的数据，编制资产负债表(简表)(见附表4)。

附表4　资产负债表(简表)

编制单位：　　　　　　　　　　2020 年 11 月 30 日　　　　　　　　　　单位：元

资　　产	期末余额	负债及所有者权益	期末余额
货币资金		短期借款	
应收账款		应付账款	
存货		应交税费	
流动资产合计		长期借款	
固定资产		实收资本	
非流动资产合计		未分配利润	
资产总计		负债及所有者权益总计	

(4) 根据上列账户试算平衡表的数据资料，编制利润表(见附表5)。

附表5　利润表

编制单位：　　　　　　　　　　2020 年 11 月　　　　　　　　　　单位：元

项　　目	本期金额
一、营业收入	
减：营业成本	
营业税金及附加	

(续表)

项　目	本期金额
销售费用	
管理费用	
财务费用	
二、营业利润(亏损以"－"号填列)	
加：营业外收入	
减：营业外支出	
三、利润总额(亏损以"－"号填列)	
减：所得税费用	
四、净利润(净亏损以"－"号填列)	